KB151845

인터넷의 이해와 웹서비스의 활용

박일선 · 임동균 지음

H 한티미디어

저자 소개

박일선 (4030027@hycu.ac.kr)
한양사이버대학교 컴퓨터공학부교수

임동균 (eiger07@hycu.ac.kr)
한양사이버대학교 컴퓨터공학부 교수

인터넷의 이해와 웹서비스의 활용

발행일 2017년 2월 28일 초판 1쇄
지은이 박일선 · 임동균
펴낸이 김준호
펴낸곳 한티미디어 | **주 소** 서울시 마포구 연남로 1길 67 1층
등 록 제15-571호 2006년 5월 15일
전 화 02)332-7993~4 | **팩 스** 02)332-7995
ISBN 978-89-6421-290-5
정 가 23,000원

마케팅 박재인 최상욱 김원국 | **관리** 김지영
편 집 이소영 박새롬 김현경 | **표지** 박새롬 | **본문** 이경은

이 책에 대한 의견이나 잘못된 내용에 대한 수정정보는 한티미디어 홈페이지나 이메일로 알려주십시오.
독자님의 의견을 충분히 반영하도록 늘 노력하겠습니다.
홈페이지 www.hanteemedia.co.kr | **이메일** hantee@empal.com

PREFACE

인터넷은 하루가 다르게 빠른 속도로 변화하고 있고 다양한 새로운 인터넷 서비스들이 속출하고 있다. 최초의 전화망에서 초고속 유선망으로, 유선망에서 무선망으로, 무선망에서 다시 이동 통신망 그리고 다시 융합망으로 인터넷 망의 기술 또한 끝없이 진화하고 있다.

이러한 인터넷 망의 변화에 따라 웹 서비스 또한 변화하고 있다. 인터넷 커뮤니티의 경우 개인 홈페이지에서 미니 홈페이지, 다시 블로그를 거쳐 이제는 Wibro, WiFi, LTE, 5G 등의 무선 기술의 발달에 힘입어 모바일 인터넷이 활성화되고 모바일 소셜 네트워크 서비스(SNS)가 인터넷 웹 서비스의 핵심이 되고 있다.

통신과 방송 기술의 융합은 UCC 동영상 제작에 멀티미디어의 스트리밍 서비스를 가능하게 했다. DMB, IPTV, 스마트 TV 등이 활성화되었고 이론적으로만 가능했던 유비쿼터스 시대가 사물 통신망의 확대로 웨어러블 디바이스, 핀 테크 등의 새로운 서비스들이 점점 우리의 생활 곁으로 다가오고 있다.

클라우드 서비스가 발달하면서 IT 자원의 활용 방식이 기존의 '소유'에서 '임대'로 변화하고 있다. 모바일에서는 LTE, 5G 기술이 개발되면서 모바일 뱅킹, 모바일 SNS, 모바일 쇼핑으로 웹 서비스의 활용 영역을 넓히고 있나.

이렇듯 빠르게 진화하고 있는 인터넷 환경에서 우리도 그 발전 속도에 발맞추어 나가기 위해서는 인터넷에 관련된 충분한 이론적 지식과 정보 통신 기술에 대한 학습이 뒷받침되어야 한다.

'인터넷의 이해와 웹 서비스 활용' 교재는 인터넷 발생 초기 배경 및 역사와 인터넷 관련 기술에 대한 이론적 지식 외에도 새롭게 진화되어 창출되고 있는 다양한 인터넷 웹 서비스에 초점을 맞추었다. 또한 보다 정확한 인터넷 현황을 파악하기 위해 한국인터넷진흥원이 발간한 2015년과 2016년 "한국인터넷백서"와 타 리서치 기관에서 제공하는 실제 인터넷 현황 데이터들을 참고자료로 수록하였다.

실습이 필요한 부분에서는 작업 한 단계 한 단계 화면을 캡쳐하여 마치 실습을 하고 있는 것 같은 효과를 누리도록 이미지를 단계별로 제시하였다.

인터넷의 이해 교재는 총 13장으로 구성되어 있고 각 장의 앞 부분에서는 그 장의 '학습목표'를 제시하였고 장의 마지막 부분에서는 배운 부분을 다시 한번 정리하여 '학습요약'으로 한번 더 정리하였다. 또한 각 장이 끝나면 '연습문제'를 제공하여 본인이 학습한 내용을 다시 한번 검토할 수 있도록 하였다.

또한 많은 이론 책들이 서술형으로 기술된데 반해, 저작 틀에 억매이지 않고 다소 지루할 수 있는 서술 방식에서 벗어나 사실(fact)들을 불릿이나 목록 방식으로 나열하여 교재의 가독성을 높였다.

2017년 3월

박일선 임동균

CONTENTS

CHAPTER 2   인터넷 통신망의 이해

CHAPTER 3   인터넷 서비스 관련 기술

CHAPTER 4 월드와이드 웹 서비스 이해와 활용

CHAPTER 5   인터넷 익스플로러 이해와 활용

CHAPTER 6   인터넷 정보 서비스의 이해

CHAPTER 7 인터넷과 비즈니스

CHAPTER 8　인터넷 웹 서비스의 응용

CHAPTER 9　웹 2.0과 미래 인터넷

CHAPTER 10　　**인터넷 융합서비스 및 사물인터넷**

CHAPTER 11   인터넷 침해사고 및 개인정보보호

CHAPTER 13 네이버 웹오피스 활용

인터넷이란 무엇인가?

인터넷이란 무엇인가?

학습목표

- 인터넷의 정의와 역사에 대해 학습할 수 있다.
- 국내 및 해외 여러 나라의 인터넷 발전 현황을 살펴볼 수 있다.
- 인터넷 관련기구들의 역할에 대해 이해할 수 있다.

1.1.1 인터넷의 정의

- 인터넷(Internet)은 INTERconnected NETwork의 합성어

- 물리적인 의미

  - 컴퓨터 간에 서로 정보를 교환할 수 있도록 네트워크와 네트워크가 상호 연결되어 있는 네트워크
  - TCP/IP 프로토콜을 이용하여 연결된 모든 네트워크

1.1.2 인터넷을 이용한 문명의 이기

- 전 세계 모든 항공사들의 스케줄을 실시간으로 검색하여 바로 항공권 등을 예약하고 심지어 종이로 인쇄된 항공권을 소지하지 않고도 e-티켓을 이용하거나 최근에는 스마트폰으로 저장하여 공항에서 바로 스캔하여 사용할 수 있다.

- 실시간으로 영화를 예매할 수도 있고 전 세계의 뉴스를 집안에서 실시간으로 청취할 수 있다.

- 인터넷 뱅킹을 사용하여 외국에서도 내 구좌를 조회하고 바로 환전하여 찾을 수도 있다.

- 주변인들과 실시간으로 간단한 메시지 교환을 할 수 있고 E-Commerce를 이용해 물건이나 서비스 등을 사거나 팔 수 있다.

- 인터넷을 통해 여러 사람들과 함께 온라인 게임을 즐기고 각종 musics, movies, animations 등을 실시간 리얼 타임으로 즐길 수 있다.

- 최근 사물인터넷(IoT)으로 스마트 TV, 전기자동차, 웨어러블 디바이스, 핀테크 등 우리 주변에 있는 사물들이 인터넷에 연결되어 다양한 기능을 수행하기 시작했다.

- 인터넷은 '정보의 바다(sea of information)'라 할 정도로 그 위상이 커졌고, 인터넷은 '네트워크들의 네트워크', 또는 '지구촌 통신망' 등의 수식어가 따라 붙을 정도이다. 이제 인터넷이 없이는 하루도 사회 생활을 유지하기 어렵게 되었다.

네트워크들의 네트워크

지구촌 통신망

1.2.1 인류 혁명의 역사

인간 문명은 몇 번의 큰 혁명과 사건을 거쳐서 발전해왔다.

- 신석기 혁명 : BC10 세기 경 메소포타미아에서 농기구를 사용하기 시작하면서 인류는 수렵, 채취 단계에서 농경 목축 단계로 진입하기 시작하였다.

- 산업혁명 : 19C 초에 영국에서 산업 혁명이 일어났다. 그동안 수작업으로 했던 일을 기계를 사용하기 시작하면서 인류의 문명은 한번 더 진화를 시작하여 농업 사회에서 산업 사회로 변화하였다.

- 인터넷 혁명

  - 애니악(ENIAC) : 최초의 컴퓨터 1960년대 최초로 포탄 낙하를 계산하기 위해 군사용 컴퓨터로 설계되었다.

  - ARPAnet : 최초의 인터넷으로 1960년대 미국 국방성(ARPA)에서 군사 목적으로 인터넷을 연구하기 시작하였다.

- 인터넷이 생긴 이후 인류의 역사는 또 한번의 진화를 시작

- 인터넷은 컴퓨터의 발전 과정과 거의 나란히 발전

- 퍼스널 컴퓨터의 발달에 이어 네트워크 기술의 발전으로 인터넷은 급속도로 성장하기 시작

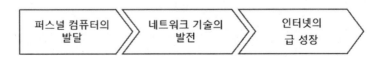

1.2.2 최초의 인터넷 등장

(1) ARPAnet의 등장

⊞ 인터넷의 시효

1969년에 미국 국방성(Department of Defense) 산하 ARPA(Advanced Research Projects Agency)의 주도하에 미 국방성의 중형 컴퓨터에 UCLA와 스탠포드 대학, UC 버클리 및 유타 대학 등의 컴퓨터가 연결됨으로써 ARPAnet이 구축되었다.

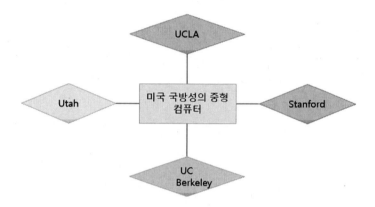

⊞ ARPA에서 패킷 교환 방식을 새롭게 적용

네트워크의 일부가 손상되더라도 다른 경로를 통해서 데이터를 전송할 수 있도록 하였고 이것이 인터넷의 시효가 되었다.

> **TIP**
>
> **1960년대 인터넷 등장 이전의 군사 시설**
>
> 인터넷이 등장하기 이전에는 회선 교환망 방식을 이용하였기 때문에 한 쪽의 군사 시설이 파괴되면 다른 쪽의 군사 시설에도 영향을 주었다. 그래서 각 군사 시설의 독립성을 유지하고 다른 군사 통신의 영향을 받지 않을 수 있는 통신 시스템이 필요하였다.

1.2.3 인터넷 연결망의 변화

- ARPAnet : 미 국방성의 중형 컴퓨터에 몇 개 대학들의 컴퓨터가 연결되었다.

- MILnet : 1980년대에 들어서면서 미 국방성은 ARPAnet에서 자신들의 통신망을 분리하여 군사망으로서 MILnet을 운영하였다.

- NSFnet : 1986년 미국 국립 과학 재단(NSF: National Science Foundation)이 정보 공유를 목적으로 설립하였다.
  각 재단에 속해 있는 대학과 도서관, 연구 기관 및 회사들의 슈퍼 컴퓨터 센터들을 연결하여 NSFnet 학술연구망으로 발전하여 각종 프로토콜, 응용들을 시험적으로 운용하였다.

- ANSnet : 1992년 미국의 비영리조직이 ANSnet을 발전시켰는데 이것이 미국 내 인터넷의 기간망(Back Bone)으로 활용되었다.

1.2.4 인터넷의 상용화

1989년 월드와이드웹(World Wide Web) 서비스가 개발되기 시작하였다.

일부 연구원이나 정부 기관만을 위한 정보 교환의 도구로 사용되었던 네트워크가 웹(WWW: World Wide Web)이라는 일반인이 접근하기 쉬운 인터페이스와 다양한 인터넷 서비스의 제공으로 점점 대중에게 다가서게 되었다.

1994년 NSFnet기간망이 사라지고 넷스케이프의 등장과 함께 상용 기간망이 등장하면서 본격적으로 인터넷의 상용화가 시작되었다.

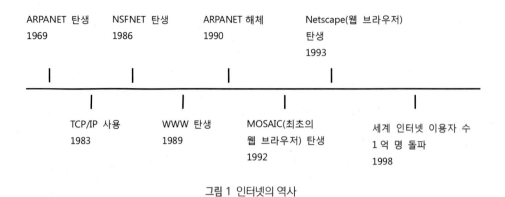

그림 1 인터넷의 역사

1.2.5 인터넷의 발전 배경

인터넷 발전 배경으로 퍼스널 컴퓨터의 등장과 국가망 구축 및 네트워크 장비 기술
의 발달, 그리고 World Wide Web의 보급 등 세 가지 요인을 살펴볼 수 있다.

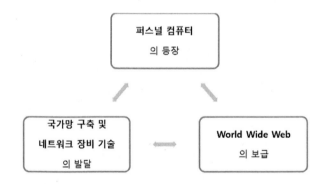

(1) 퍼스널 컴퓨터의 등장

- 개발 초창기의 컴퓨터는 크기도 컸지만 전문적인 목적으로만 사용되다가 컴퓨터가 개발되고 마이크로 프로세서의 발달로 점점 작아지기 시작했다.

- 컴퓨터의 소형화 및 PC(Personal Computer)가 등장하기 시작

  - 일반인들도 쉽게 컴퓨터를 사용하게 되었다.
  - 개인 컴퓨터의 등장은 네트워크 장비의 발달과 함께 일반인들의 인터넷 사용을 가속화시켰다.

(2) 국가망 구축 및 네트워크 장비 기술의 발달

- 국가망 구축 : 지역에 국한된 네트워크를 전국적으로 묶는 국가망 구축이 이루어지면서 다양한 인터넷 서비스가 개발되기 시작하였다.

- 국가망을 이용하여 인터넷을 사용하는 일반 사용자들도 급증하기 시작하였다.

- 네트워크 장비의 속도 증가 : 64 kbps 속도로 시작한 ISDN 서비스에서 지금은 100 Mbps 이상의 속도로 이동 중에도 인터넷을 할 수 있는 초고속인터넷 기술들이 속속 개발되고 있다.

(3) WWW(월드 와이드 웹)의 보급

무엇보다도 일반인들이 인터넷을 쉽게 이용할 수 있게 된 결정적인 계기는 바로 WWW(World Wide Web) 기술이다.

- WWW 서비스 사용 이전 : 인터넷을 사용하기 위해서는 전문 인터넷 관련 용어들을 익혀야 했기 때문에 인터넷은 전문 연구원들이나 일부 전문가들의 전유물이었다.

- WWW 서비스 사용 이후 : Tim Berners-Lee가 1989년에 처음으로 'Web' 이라는 시스템을 제안했다.

  - 처음으로 Web(웹) 시스템에서 사용하는 웹 브라우저, 서버, 웹 페이지라는 개념을 사용.
  - 웹의 필수 기술인 URL, HTTP, HTML(Hyper Text Markup Language)을 사용

1992년 'GUI(Graphic User's Interface)' 방식을 이용한 최초의 웹 브라우저, 모자이크(Mosaic)가 발표되기 시작하면서 인터넷이 대중화되기 시작하였다.

단순히 텍스트로만 사용하던 인터넷이 웹 브라우저를 통해서 다양한 멀티미디어의 형태, 즉 소리, 이미지, 동영상의 형태로 정보를 제공하게 되었다.

TIP

Web과 Internet의 차이

Wikipedia 정의에 의하면,
"인터넷은 TCP/IP 프로토콜을 사용하여 패킷교환방식에 의해 데이터를 교환하는 상호 연결된 컴퓨터 네트워크의 글로벌 시스템이다."
"Web은 URI(Uniform Resource Identifiers)에 의해 식별되는 자원이 있는 정보의 공간이다."

1.3 해외 인터넷의 발전 현황

1.3.1 세계 인터넷 이용 현황

2006년 이후 2014년까지 전 세계 인터넷 이용자 수의 연평균 증가율은 지속적으로 증가하고 있다.

ITU의 2015년 '세계 인터넷 이용률 변화 추이' 통계 자료에서 볼 수 있듯이 인터넷 이용률은 꾸준히 증가해 2014년에는 40.6%에 육박했다.

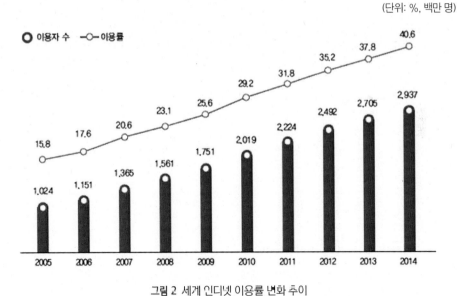

그림 2 세계 인터넷 이용률 변화 추이

출처: ITU, ITU Statistics, 2015

또한, ITU의 '인터넷 이용률 및 초고속인터넷 가입률 현황'에서 알 수 있듯이 2005년도에는 인터넷 이용률이 선진국 50.9%에 비해 개발도상국이 7.8%로 상대적으로 극히 저조하였지만 2014년도 인터넷 이용률은 선진국 79.5%에 비해 개발도상국이 32.4%로 2005년 대비 무려 4배 이상의 성장세를 보이고 있다.

무선초고속인터넷 가입률의 경우도 선진국은 2010년 44.7%에서 2014년 81.8%로 약 2배 증가한 반면, 개발도상국은 2010년 4.5%에서 2014년 27.9%로 괄목한 발전을 보이고 있다. 그러나 여전히 개발도상국의 인터넷 이용 환경이 더 개선되어야 함을 보여주고 있다.

표 1 인터넷 이용률 및 초고속인터넷 가입률 현황

(단위: %)

연도	인터넷 이용률		유선초고속인터넷 가입률		무선초고속인터넷 가입률	
	선진국	개발도상국	선진국	개발도상국	선진국	개발도상국
2005	50.9	7.8	12.3	1.3		
2010	66.5	21.1	23.5	4.2	44.7	4.5
2012	73.8	27.0	25.7	5.4	66.4	12.4
2014	79.5	32.4	28.3	6.6	81.8	27.9

[ITU, ITU Statistics, 2015, 재구성]

1.3.2 국가별 인터넷 이용률 현황

2011년과 2013년 국가별 인터넷 이용률 자료를 비교 분석해 보면, 노르웨이가 각각 94.0%, 95.1%로 두 해 모두 세계 인터넷 이용률 1위를 차지했다.

일본은 2011년 79.5%로 세계 인터넷 이용률 13위였던 것이 2013년에는 86.3%로 9위로 상승했다.

반면, 한국은 2011년 83.8%로 8위였던 것이 조금 주춤해 2013년 84.8%로 세계 12위를 차지했다.

(단위: %)

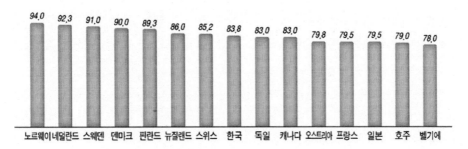

그림 3 국가별 인터넷 이용률(2011년 기준)

출처: ITU, ITU Statistics, 2014

(단위: %)

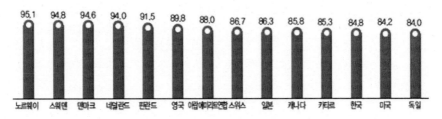

그림 4 국가별 인터넷 이용률(2013년 기준)

출처: ITU, ITU Statistics, 2015

1.3.3 ICT 발전지수 현황

인터넷의 발전 현황을 알아보기 위한 수단 중의 하나로 국제적으로 이용되고 있는 국제지수로 'ICT 발전지수'를 들 수 있다.

ICT 발전지수는 ITU(International Telecommunication Union: 국제전기통신연합)

에서 ITU 회원국 간의 ICT(Information and Communications Technology: 정보통신기술) 발전 정도를 비교, 분석하기 위한 지수로 국가 간 디지털 발전도를 평가하는데 사용된다.

2014년 ICT 발전지수를 조사한 ITU 자료에 의하면, 한국은 2013년 1위에 이어 2014년에 2위를 차지하여 인터넷 강국으로 자리매김하였다. 그 외에 일본은 2014년 11위, 미국은 14위를 기록했다.

표 2 ICT 발전지수 주요국 순위(2014년 기준)

순위	국가	
	2013	2014
1	한국(8.57)	덴마크(8.86)
2	스웨덴(8.45)	한국(8.85)
3	아이슬란드(8.36)	스웨덴(8.67)
4	덴마크(8.35)	아이슬란드(8.64)
5	핀란드(8.24)	영국(8.50)
….		
11	호주(7.90)	일본(8.22)
12	일본(7.82)	호주(8.18)
14	미국(7.53)	미국(8.02)
86	중국(4.18)	중국(4.64)

[ITU, ITU Statistics, 2014]

1.4 국가별 동향[1]

1.4.1 미국

- 2009년 오바마 정부가 출범하면서 지식 기반 경제를 선도하기 위해 모든 국민이 보편적으로 통신서비스를 이용할 수 있어야 한다고 강조하였다

- 2009년 10월 미국 모바일 브로드밴드 육성을 위한 4대 정책 기조인 MBA(Mobile Broadband Agenda)를 발표
  - 4G 모바일 브로드밴드용 주파수 확보
  - 4G 네트워크를 위한 장애물 제거
  - 망 중립성 규제 재정비
  - 소비자 권리 강화

- 2011년 9월 망 중립성 원칙을 공식 발표
  - 망 중립성의 목적은 인터넷이 소비자의 선택, 표현의 자유, 경쟁 및 혁신의 자유 등을 위한 개방 플랫폼으로서의 역할을 하기 위함이다.

- 2013년 미국의 인터넷 이용률은 84.2%를 기록

---

1) 국가별 동향은 한국인터넷진흥원의 인터넷 백서 2015, 2016 자료를 참고함.

1.4.2 유럽

- 1990년 핀란드, 네덜란드 등을 중심으로 정보화 정책을 시작

- 'eEurope 2002 행동계획' 추진

  - 인터넷 접속 비용 인하, 교육 및 연구 분야 초고속인터넷망을 구축하는 방안을 제시

  - 유럽의 인터넷 보급률이 2배로 증가

- i2010 전략(A European Information Society for growth and employment)을 추진

  - EC(European Community: 유럽 공동체)가 2010년까지 유럽의 정보사회 및 미디어 산업 분야의 성장과 고용을 촉진시키기 위함

- 영국은 '디지털 영국(Digital Britain)' 정책으로 2015년까지 유럽에서 가장 높은 수준의 브로드밴드 인프라를 구축하고 초고속 브로드밴드의 인구 커버리지를 90% 이상으로 확대하는 것을 목표로 함

- 프랑스는 '도전 2015(Conquests 2015)' 계획을 발표

  - 2012년까지 광통신망 커버리지 40% 달성

  - 2015년까지 프랑스 내 신규 광통신망 구축에 20억 유로를 투자

  - 3G 네트워크의 지속적인 투자 및 LTE 추진

- ITU에 따르면 2013년 인터넷 이용률[2]이 영국은 89.8%, 프랑스는 81.9%, 독일은 84.0%를 기록했다.

---

2) [ITU, ITU Statistics, 2014] 참조

1.4.3 중국

● 중국은 인터넷 접속 속도면에서 다른 인터넷 발달 국가에 비해 아직 낙후된 편으로 '국가 12차 5개년 계획(2011~2015)' 기간에 인터넷 보급 비율을 2011년 말의 38.3% 수준에서 45% 이상 수준으로 향상시킬 계획을 수립하였다.

● 중국의 CNNIC(중국인터넷주소자원관리기관)의 발표에 따르면, 2014년 12월 기준 중국의 인터넷 이용자 수는 6억 4,875만 명으로 인터넷 보급률은 47.9%에 달했다.

1.4.4 일본

● 일본은 2004년 12월 u-Japan 전략에 이어 2020년을 목표로 새로운 ICT 종합 전략인 'Active Japan ICT 전략'을 수립하였다. 특히 방송, 통신 연계 서비스와 통신 규격 국제표준화를 추진하였다.

● 일본 총무성이 발표한 자료에 의하면, 2013년 인터넷 이용률은 82.8%에 달했다.

1.5　국내 인터넷의 발전 현황

1.5.1 한국의 인터넷 역사

- 1982년

  - 최초의 SDN(TCP/IP) 구축
  - 서울대학교 컴퓨터공학과 중형 컴퓨터와 한국전자통신연구소의 중형 컴퓨터를 연결하면서 처음으로 인터넷을 시작하게 됨

- 1990년

  - KAIST와 미국의 하와이 대학이 연결되면서 처음으로 해외와의 인터넷 망이 연결됨

- 1994년

  - 처음으로 한국통신, 데이콤, 아이네트가 모여 인터넷 상용서비스를 시작

- 1996년

  - ISDN(Integrated Services Digital Network) 인터넷 서비스가 개통
  - 국내 최초의 디지털 통신망을 이용한 음성, 문자, 영상 등의 통신 서비스

- 1997년

  - 초고속 국가망 인터넷 서비스를 시작

- 1998년

  - 두루넷에서 초고속인터넷 상용 서비스를 개시

- 1999년

  - 하나로통신에서 ADSL(Asymmetric Digital Subscriber Line: 비대칭 디지털 가입자 회선) 서비스를 개시
  - 인터넷 뱅킹 서비스 개시

- 2001년

  - OECD 회원국 중 초고속망 구축 세계 1위를 차지
  - IT 강대국으로 발돋움하기 시작

- 2005년

  - 인터넷 전화(VoIP) 시대 개막

- 2008년

  - 인터넷 전화에 이어 IPTV, 즉 인터넷 TV 시대를 열었다.
  - 하나의 인터넷 서비스망에 가입하면 인터넷 전화와 TV를 동시에 사용 가능

- 2009년

  - ICT 발전지수 세계 2위
  - 7.7 DDos 침해사고발생

- 2011년

  - ICT 발전지수 세계 1위
  - LTE(Long Term Evolution) 상용서비스

- 2014년

  - IPv6 상용화

- Giga 인터넷 상용화
- 모바일 지갑 '핀테크 시대' 도래 - 금융과 IT가 결합된 산업 및 서비스 시작

- 2015년

  - '클라우드 컴퓨팅 발전 및 이용자 보호에 대한 법률' 제정
  - ICT 발전지수 1위 복귀
  - 공공데이터 개방지수 OECD 1위 달성
  - 인터넷전문은행 - K뱅크, 카카오뱅크 선정

표 3 한국의 인터넷의 역사 요약

1982	SDN (TCP/IP) 구축(서울대 - 한국전자기술연구소), 인터넷 최초 접속
1990	HANA 망과 미국의 하와이 대학과 연결
1994	상용 ISP 등장(한국통신, 데이콤, 아이네트) 인터넷상용서비스 개시(한국통신)
1996	ISDN 인터넷 서비스 개시
1997	초고속 국가망 인터넷 서비스 시작
1998	초고속인터넷 상용 서비스 개시(두루넷)
1999	ADSL 서비스 개시(하나로통신) 인터넷 뱅킹 서비스 개시 인터넷 이용자 수 1,000만 명 돌파
2001	초고속망 구축 세계 1위(OECD)
2002	초고속인터넷 보급 세계 1위
2005	인터넷전화(VoIP) 상용서비스 개시
2008	IPTV 상용서비스 개시
2011	ICT 발전지수 세계 1위 LTE 상용서비스 시작

2014	IPv6 상용화 Giga 인터넷 상용화
2015	'클라우드 컴퓨팅 발전 및 이용자 보호에 대한 법률' 제정 ICT 발전지수 1위 복귀 인터넷전문은행 – K뱅크, 카카오뱅크 선정

1.5.2 국내 인터넷 주요 통계 정보

(단위: %, 천 명)

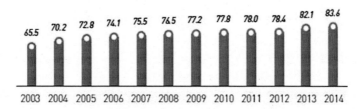

그림 5 국내 인터넷 이용률 및 이용자 변화 추이

출처: 한국인터넷진흥원, 2013년 인터넷이용실태조사, 2014

표 4 금융 기관 인터넷 뱅킹 이용 실적

구분		2011(천 건)	2013	2014	2013년 대비 증가율
이용건수	조회	34,281	48,378	60,102	24.2
	자금 이체	4,740	5,906	6,343	7.4

출처: 한국은행, 2014년 국내인터넷뱅킹 서비스 이용현황, 2015

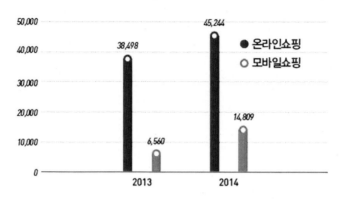

(단위: 십억 원)

그림 6 모바일 쇼핑 거래액 현황

출처: 통계청, 2014년 4/4분기 및 연간 온라인 쇼핑 동향, 2015

표 5 게임 산업 업종별 매출액 현황

(단위: %, 백만 원)

구분	2012	2013	2012년 대비 증가율
온라인 게임	6,783,902	5,452,283	-19.6
모바일 게임	800,922	2,327,680	190.6
비디오 게임	160,869	93,617	41.8
PC 게임	68,000	37,967	44.2
아케이드 게임	79,113	82,492	4.3

출처: 한국인터넷진흥원, 2014년 콘텐츠산업통계, 2015, 재구성

1.5.3 인터넷 이용 행태

2015년 인터넷이용실태조사에 의하면, 인터넷 이용 목적은 '이메일, SNS, 인터넷 전화' 등과 같은 커뮤니케이션이 91.4%로 가장 높았고 다음으로 자료 및 정보획득 목적이 89.4%였다.

온라인 교육 및 학습도 34.2%로 비중 있는 인터넷 이용 목적으로 나타났다.

이외에도 온라인을 이용한 건강 및 보건 활동으로 질병이나 부상에 관한 정보를 검색하고자 하는 목적도 많았다.

표 6 인터넷 이용 목적(복수 응답) - 만 3세 이상 인터넷 이용자

(단위: %)

이용 목적	비율	값
이메일, SNS, 채팅, 인터넷전화 등		91.4
자료 및 정보획득		89.4
웹 TV, 온라인 게임		86.2
홈페이지 운영		44.0
온라인 교육, 학습		34.2
구직활동 및 직업관련 온라인 참여		14.3

출처: 인터넷백서, 2015 인터넷이용실태조사, 2015

1.6 인터넷 관련 기구

1.6.1 국제 인터넷 관련 기구

인터넷은 자유로운 정보 공유에 그 목적이 있으므로 인터넷에서 정보를 제공하고 수집하는 데 있어서 특별히 통제하는 기관은 존재하지 않지만 인터넷에 산재되어 있는 정보 자원에 대한 효율적인 접근을 위해 IP 주소와 도메인 이름 등을 관리하거나 인터넷 기술을 개발하고 기술 표준화를 담당할 기관 등이 필요하다.

(1) W3C(World Wide Web Consortium: http://www.w3.org)

- W3C는 웹(Web)의 표준을 제안하고 개발하는 국제 조직
- Web의 창시자인 Tim Berners-Lee를 중심으로 1994년 10월에 설립
- 500여 개 기업 및 단체가 W3C 회원으로 등록되어 있음

❀ 주요 업무
- 웹을 위한 프로토콜과 가이드라인을 개발
- 웹의 기반이 되는 HTML, 그래픽, 폰트 등의 이용자 환경 영역을 정함
- 전자상거래 보안, 개인정보 유출 방지, 전자 서명 등의 문제 등을 다룸
- 개발자, 설계자, 그리고 표준 전문가들에게 W3C 권고안을 채택하도록 권유

(2) ICANN(The Internet Corporation for Assigned Names and Numbers)

ICANN은 '국제인터넷주소관리기구'로 인터넷 도메인 관리와 정책을 결정하는 도메인 관련 국제최고기구이다.

1998년 10월 미국이 운영해오던 InterNIC(Network Information Center)에 경쟁원리를 도입하고 새로운 등록 인가 절차를 위해 ICANN이라는 비영리 통합 기구[3]를 조직하였다.

월드 와이드 웹을 위한 .com, .net 및 .org 등 최상위 도메인 이름의 등록, 유지 관리 및 IP 어드레스 할당을 맡고 있다.

전 세계 IP 주소는 ICANN이 총괄해서 관리하며 대륙별로 인터넷서비스제공기관(ISP)에 IP 주소 할당 권한이 위임된다.

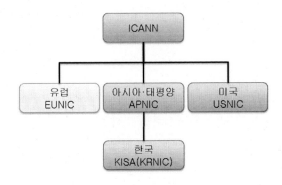

출처: 대륙별 주소자원관리기구

(3) IETF (Internet Engineering Task Force)

⊠ 국제인터넷표준화기구

⚙ 인터넷 통신 표준 규격을 개발하고 있는 비영리 단체

---

3) 인터넷이 글로벌 네트워크화 되면서 인터넷 주소 관리 정책을 수립하는 과정에 전 세계 모든 국가의 참여가 필요하다는 의견이 제기되었고 이에 미국 정부는 인터넷 도메인 네임과 IP 주소 운영을 미 연방 정부로부터 민간 • 비영리 • 국제적 대표 기구로 이관시켰다. (www.icann.org)

- 표준화와 관련된 네트워크 설계자, 기술자, 제조업체 그리고 연구원들에게 널리 개방된 국제적인 공동체

- 사업적, 정치적 관점이 아닌 기술적인 관점에서 인터넷 작업을 효율적으로 할 수 있게 하는 조직

- 이 기구에서 활동을 원하는 기업, 개인은 누구나 메일링 리스트에 가입하여 회의에 참여 가능

- 인터넷에 대한 새로운 TCP/IP 표준을 개발하는 주요 활동 그룹

1.6.2 국내 인터넷 관련 기구

(1) 한국인터넷정보센터(KRNIC)

- 대한민국의 인터넷 발전 및 이용 활성화를 위해 1999년 6월에 설립된 비영리 기관

- 2004년 한국인터넷진흥원이 설립되면서 한국인터넷진흥원(KISA) 산하의 인터넷주소 자원 관리 담당 부서의 역할을 수행

- 세계 인터넷 주소 자원을 관리하는 ICANN 조직으로부터 할당 받은 주소를 다시 할당해 줌

- KRNIC는 아시아-태평양 지역의 인터넷 주소를 관리하는 APNIC에 속함

- 인터넷 주소 자원을 관리하는 기구로 일본에는 JPNIC, 중국에는 CNNIC가 있다.

(2) 한국인터넷진흥원(KISA) 주요 업무(www.kisa.or.kr)

한국정보보호진흥원, 한국인터넷진흥원 그리고 정보통신국제협력진흥원이 통합되어 2009년 7월 '한국인터넷진흥원(KISA)'으로 출범하였다.

한국인터넷진흥원의 주요 업무는 다음과 같다.

인터넷 문화 진흥

- 인터넷 문화 관련 법 제도 개선
- 인터넷 윤리 교육

KISA 아카데미(academy.kisa.or.kr)

- 사이버보안인재센터 통합교육관리시스템 운영 : 2014년부터 공무원 정보보호 교육관리 시스템, 민간기반시설 정보보호 담당자 교육관리 시스템을 함께 통합하여 운영

인터넷 주소 관리

- 국가 도메인 이용 활성화 및 등록대행 체제 운영
- IP 주소 관리, IPv6 주소 전환 및 확산
- DNS(Domain Name System) 관리 및 운영

인터넷 침해 대응

- 침해사고 대응 및 사후조치
- DDos 공격 대응 및 기술 지원
- 불법 스팸 및 피싱 대응

개인정보보호

- 개인정보보호 종합 포털 사이트 및 개인정보 침해신고센터 운영
- 주민등록번호 클린센터
- 아이핀(i-PIN) 서비스

인프라 보호

- 정보보호제품 평가
- 융합서비스 보안 기술 개발
- 정보보호관리체계(ISMS, PIMS, G-ISMS) 인증 관리

인터넷 산업 진흥

- 인터넷 비즈니스 활성화
- 중소 IT 서비스 기업 지원

해외진출 및 국제 협력

- 글로벌 사이버보안 협력 네트워크 구축(CAMP) : 주요 전략 국가와 우호 네트워크를 구축하고 협력과제 발굴 등 인터넷, 정보보호 분야의 국제협력 및 해외진출 기반을 조성한다.
- 국내 정보보호 산업 해외진출 지원 : 국내 중견, 중소 정보보안 기업을 대상으로 선진국 및 개도국의 정보보안 시장 진출을 지원한다.

기타

- KISA 보호나라(www.krcert.or.kr) 운영
- 24시간 사이버 도우미 118 신고센터 운영
- PC 원격 점검
- 바이러스백신 다운로드

1. 인터넷의 역사

- APRAnet → NSFnet → ANSnet → 인터넷의 상용화

2. 인터넷의 발전 배경

- 퍼스널 컴퓨터의 등장
- 국가망 구축 및 네트워크 장비 기술의 발달
- WWW의 보급

3. 한국 인터넷의 역사

- SDN 구축 : 최초의 인터넷 접속
- 교육망, 연구망 구축
- PC통신 상용서비스 개시(천리안)
- 인터넷 상용서비스 개시(한국통신)
- ISDN 인터넷 서비스 개시
- 초고속인터넷 상용서비스 개시(두루넷)
- ADSL 서비스 개시(하나로통신)
- 인터넷 전화 상용서비스 개시
- IPTV 상용서비스 개시

4. 국제 인터넷 관련 기구

- W3C : 국제웹표준화기구
- ICANN : 국제인디넷주소관리기구
- IETF : 국제인터넷표준화기구

EXERCISE

1. 다음 중 ARPAnet의 특징에 대한 설명 중 틀린 것은?

   ① 최초의 인터넷으로 군사용으로 개발되었다.

   ② 회선교환 방식을 이용하였다.

   ③ 패킷교환 방식을 이용하였다.

   ④ 미 국방성에서 군사 시설의 독립성을 유지하기 위해 최초로 개발하였다.

2. 다음 인터넷 망을 발달 순서대로 나열하라.

   NSFnet/ ARPAnet/ MILnet/ ANSnet

3. 다음 인터넷 망의 특징에 대한 설명 중 바르지 않은 것은?

   ① ANSnet은 미국국립과학재단이 정보 공유를 목적으로 구축하였다.

   ② ARPAnet은 최초의 인터넷 망이다.

   ③ MILnet은 ARPAnet에서 분리된 군사망이다.

   ④ ANSnet은 후에 미국 인터넷의 기간망이 되었다.

4. 다음 중 그 발달 순서상 가장 먼저 발생한 것은?

   ① WWW 탄생   ② MOSAIC 탄생

   ③ TCP/IP 사용   ④ NETSCAPE 탄생

5. 전문가들의 전유물로만 있었던 초창기 인터넷이 일반화되기 시작한 배경이 아닌 것은?

① 국가망 구축　　　　　　　　　　② WWW 보급

③ 퍼스널 컴퓨터의 등장　　　　　　④ ARPANET의 해체

6. WWW에 대한 설명이 바르지 않은 것은?

① 인터넷을 하기 위해 전문 인터넷 용어들을 사용한다.

② 인터넷의 대중화에 기여했다.

③ 하이퍼텍스트 서비스를 이용할 수 있다.

④ 팀 버너스리에 의해 제안되었다.

7. 우리나라 인터넷 역사를 시대순으로 나열하라.

① 초고속 국가망 인터넷 서비스 시작

② 하나로통신에서 ADSL(Asymmetric Digital Subscriber Line) 서비스 개시

③ KAIST와 미국의 하와이 대학 연결

④ ISDN(Integrated Services Digital Network) 인터넷 서비스 개통

⑤ 두루넷에서 초고속인터넷 상용서비스 개시

8. 다음 중 월드 와이드 웹의 세 가지 기술에 속하지 않는 것은?

① HTTP　　　　　　　　　　　　② ISDN

③ URL　　　　　　　　　　　　　④ HTML

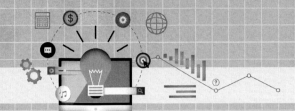

EXERCISE

9. 다음은 국제 인터넷 관련 기구에 대한 설명이다. 내용이 다른 것은 무엇인가?

① 인터넷 통신 표준 규격을 개발하고 있는 비영리 단체이다.

② 표준화와 관련된 네트워크 설계자, 기술자, 제조업체 그리고 연구원들에게 널리 개방된 국제적인 공동체이다.

③ 기술적인 관점에서 인터넷 작업을 효율적으로 할 수 있게 하는 조직이다.

④ .com, .net 및 .org 등 최상위 도메인 이름의 등록, 유지 관리를 맡고 있다.

10. ARPAnet 연결망과 관계가 없는 것은?

① UCLA ② Stanford

③ Caltec ④ Utah

정답

1. ②

2. ARPAnet, MILnet, NSFnet, ANSnet

3. ① (1은 NSFnet에 대한 설명이다)

4. ③

5. ④

6. ①

7. ③, ④, ①, ⑤, ②

8. ②

9. ④ (나머지는 IETF 에 대한 설명임)

10. ②

인터넷 통신망의 이해

인터넷 통신망의 이해

학습목표

- 통신의 시대적 발달 과정을 살펴볼 수 있다.
- 정보 교환 수단으로서의 통신 매체 종류 및 통신 장비에 대해 살펴볼 수 있다.
- 근거리, 원거리, 백본 등의 통신망의 특징을 살펴볼 수 있다.
- WiFi, 국제연구망 및 차세대 인터넷 융합망에 대해서 이해할 수 있다.

2.1 통신의 이해

2.1.1 통신의 개요

(1) 정의

통신이란 공간적으로 떨어져 있는 두 개체 간에 어떤 정보를 교환하는 행위를 의미한다.

(2) 정보 교환의 수단

- 예로부터 불, 연기, 소리, 문자, 그림 등 다양한 수단을 활용

- 교통의 발달과 통신 기술의 발달 → 전화와 우편, 전기 통신을 활용하기 시작

- 현대 - 급속한 정보 통신 기술의 발달 → 유선통신을 초월하여 무선 통신, 그리고 무선 이동 통신으로 빠른 발전을 보이고 있다.

(3) 통신의 약력

1838   Samuel F. B. Morse가 전신(telegraph)을 발명

1876   Alexander Graham Bell이 전화를 발명

1936   BBC에 의해 TV 방송 시작

1948   트랜지스터 개발

1950   미국에서 컬러 TV 방송 시작

1956   최초의 대서양 횡단 전화 케이블 완성

1962   최초의 통신 위성 Telstar 발사

1977   광통신 시스템, 패킷 교환 방식

1980~1990 이동, 셀룰러 전화 시스템 개발

1990년대위성 위치 확인 시스템(GPS) 완성

2.1.2 통신의 구성 요소

(1) 통신 주체

정보를 교환할 둘 이상의 상대방, 즉 정보의 송신자와 수신자를 의미한다.

이때 통신의 주체는 사람 외에 컴퓨터, 전화, 동영상 단말기 등 같은 다양한 단말 장치가 될 수 있다.

(2) 통신 매체

통신 매체는 정보의 송신자와 수신자간에 정보를 전달해 주는 매개체를 의미하는 것이다.

사람이 마주보고 말로써 통신을 한다면 음성을 전달하는 매개체는 공기가 된다.

통신 매체는 크게 유선 전송 매체와 무선 전송 매체로 분류할 수 있다.

유선 전송 매체는 전기 신호를 통하여 정보를 전송하는 반면, 무선 전송 매체는 전파를 통하여 정보를 전송한다.

무선 전송 매체의 경우 사용할 수 있는 주파수 대역이 한정되어 있기 때문에 주파수를 대역별로 분류하고 통제하면서 사용하고 있다.

(3) 프로토콜

프로토콜(Protocol)의 사전적 의미를 살펴보면 '외교 약정서'로 해석할 수 있다.

즉, 두 나라가 교역 및 통신을 할 때 하나의 정해진 기준으로 교역을 하기 위하여 프로토콜을 정하고 정해진 프로토콜에 의해 양국의 교역이 이루어진다.

마찬가지의 의미로, 통신에서 프로토콜의 의미는 '통신 규약'의 의미로 통신을 하기 위해 통신 주체들이 미리 정해둔 규칙을 의미한다.통신의 종류에 따라서 필요한 통신 프로토콜은 매우 다양하다.

2.2 통신 장비

2.2.1 통신 매체의 종류

(1) 유선 전송 매체

유선 전송 매체란 데이터를 전기 신호 형태로 전송하는 것으로 물리적인 특성에 따라 STP(Shielded Twisted Pair) 케이블, UTP(Unshielded Twisted Pair) 케이블, 동축케이블, 광섬유 등이 있다.

(2) 무선 전송 매체

무선 전송 매체란 공기나 진공, 그리고 해수 외에 전선을 통하지 않고 주로 전파를 통하여, 신호·부호·영상·음성 등의 정보를 교신하는 것을 말한다.

❀ 전송주파수 대역에 따른 구분

- VLF(Very Low Frequency)
- LF(Low Frequency)
- MF(Medium Frequency)
- HF(High Frequency)
- VHF(Very High Frequency)
- UHF(Ultra High Frequency)
- SHF (Super High Frequency)
- EHF(Extreme High Frequency)

2.2.2 통신 케이블

(1) 동축 케이블

동축 케이블이란 중심에 있는 구리 선을 외부 도체가 바깥으로 둘러싸고 다시 피복을 입힌 동심원 형태의 고주파 전송 케이블을 의미한다.

- 구조

    - 중심축 안에 있는 1개의 내부 도체가 전기 신호를 전송
    - 외부 도체는 외부의 전파 간섭을 차단하는 역할을 함

- 용도

    - 전화 회선의 다중 통신이나 화상 전송에 적합
    - 저주파에서 고주파까지의 전기 신호를 전송
    - 장거리 전화망, 대용량 시외 회선 그리고 케이블 TV용(CATV)으로도 많이 사용

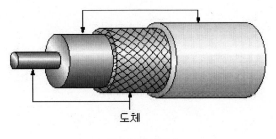

도체

그림 1 동축케이블

(2) UTP(Unshielded Twisted Pair)케이블

UTP는 '비차폐 쌍케이블'이라고불린다.

- 구조

    - 2개의 구리선을 서로 꼬아서 만든 쌍케이블을 절연시킨 케이블

    - 케이블 내부에 있는 8가닥의 선 중 4개는 색깔에 따라 핀 번호가 규격으로 정해져 있음

    - 나머지4개의 케이블은 접지를 위해 사용됨

- UTP 케이블 등급

미국 전자산업진흥회(EIA)에서는 품질에 따라 6단계로 UTP 케이블 등급을 정했다.

가장 품질이 낮은 '카테고리 1'은 전화 시스템이나 저속 데이터 통신에 사용한다.

가장 품질이 높은 '카테고리 6'은 1Gbps 전송 속도로 고속의 데이터 전송에 주로 사용한다.

- 용도

일반적인 랜 케이블로 사용되며 사무실 배선용으로도 사용된다.

그림 2 UTP케이블 등급 카테고리

STP(Shielded Twist Pair) 케이블

UTP에 비해 케이블 겉에 외부 피복 또는 차폐재로 둘러 쌓여 있어 외부의 노이즈를 차단하거나 전기
적 신호의 간섭에 탁월한 성능이 있으나 가격이 비싸다.

(3) 광케이블

광케이블은 머리카락보다 가는 석영 유리실 같은 광섬유를 여러 가닥으로 묶어 만든
것이다.

전기 신호를 광선 신호로 바꾸어 이를 유리 섬유를 통하여 전달하는 매체로 '광섬유
케이블'이라고도 한다.

- 구조

  - 심(Core), 클래드(Clad), 아크릴 재킷(Jacket)층 등으로 이루어진다.
  - 심은 가는 유리등의 광섬유로 만들고 클래드는 심을 강하게 보호하기 위해
    케블라(Kevlar) 라는 섬유를 사용한다.
  - 재킷은 맨 바깥층으로서 플라스틱 등의 물질로 되어 있어 습기, 마모, 파손에
    강하다.

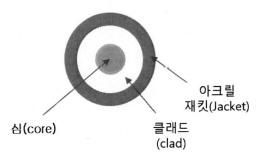

아크릴
재킷(Jacket)

심(core)   클래드
(clad)

그림 3 광케이블 구조

- 장점

  - 다른 유선 전송 매체에 비해 대역폭이 넓어 광대역성이 우수하다.
  - 초고속 전송에 유리하다.
  - 크기나 무게가 적어 전체 지지 구조물의 크기를 줄일 수 있다.
  - 빛의 형태로 전송하므로 충격에 의한 잡음등의 외부적 간섭을 받지 않는다.
  - 재질이 가벼워 케이블 속에 다수의 광섬유를 넣을 수 있다.

- 단점

광섬유를 사용하면 빠른 속도와 외부적 간섭에 강한 반면 광섬유를 사용하는 경우 전기 신호를 광신호로 바꾸어 주는 변환기가 필요하여 망 설계가 까다롭다.

- 용도

  - 광케이블은 1980년대 이후 광통신의 대량 상용화에 따라 정보 산업 사회의 기간 산업으로서 매우 중요한 역할을 하고 있다.
  - 유, 무선 전송망 구성에 있어서 아주 중요한 정보 통신 매체로 사용되고 있다.
  - 근거리와 광역 통신망, 장거리 통신, 군사용, 가입자 회선 등에 많이 사용된다.

2.2.3 연결 장비

(1) 랜카드

NIC(Network Interface Card)라고도 부름

랜카드는 컴퓨터와 네트워크간의 인터페이스 역할을 한다.

컴퓨터에서 작업한 데이터를 네트워크를 통해 전송하기 위한 형태로 가공한다.

네트워크를 통해 전달받은 데이터를 컴퓨터에서 사용 가능한 형태로 다시 가공하는 역할을 한다.

- **종류:** 데스트탑에서 사용하는 PCI 슬롯 타입, 노트북에서 사용하는 PC 카드 타입, 그리고 USB 타입 등 여러 종류가 있다.

그림 4 USB 타입

그림 5 PCI슬롯 타입

(2) 라우터

전달된 패킷(송신 정보)에 들어있는 수신처 주소를 읽고 가장 효율적인 통신 경로를 지정하여 다른 통신망으로 전송하는 장치

서로 다른 프로토콜로 운영하는 통신망에서 정보를 전송하기 위해 경로를 설정하는 역할을 한다.

- **장점:** 표준 논리에 따라 통신 방법이 자동으로 결정되므로 유지 보수가 용이하고 다양한 경로를 따라 통신량(트래픽)을 분산시킬 수 있다.

- **단점:** 초기 환경 설정이 어렵고 특정 프로토콜에 의존하므로 다양한 프로토콜 지원이 어렵다는 단점이 있다.

(3) 허브

접속 방식이 다른 물리층을 연결하는 장치

일반적으로 컴퓨터나 프린터들과 네트워크을 연결하거나 근거리의 다른 네트워크와 연결한다.

하나의 네트워크 케이블을 트리 구조로 연결하여 여러 대의 단말기와 연결하는 용도로 사용한다.

일정 포트에서 다른 포트로 데이터를 전송할 때 포트 전체로 뿌려 해당 PC 랜카드의 맥어드레스와 맞으면 데이터를 수신하고 그렇지 않으면 데이터를 버린다.

사용자 숫자에 비례해서 속도가 떨어지는 단점이 있다.

(4) 리피터

디지털 방식의 통신선로에서 신호를 전송할 때 전송하는 거리가 멀어지면 디지털 신호는 점점 감소하는 성질이 있는데 이때 약해진 전송 신호를 다시 증폭시켜 먼 거리까지 전달할 수 있도록 신호를 재생하는 장치이다.

랜(LAN)이 처음 구성할 때보다 크게 늘어나는 경우 리피터를 LAN 중간 중간에 설치하여 거리나 접속 시스템 수를 확장시킬 수 있다.

(5) 스위치

* 같은 네트워크 대역으로만 네트워크 트래픽을 전달한다.

* 데이터 전송시 맥어드레스 학습 기능이 있어 해당 포트로만 데이터를 전송한다.

* 다른 포트의 사용이 증가해도 같은 속도로 데이터 전송이 가능하다.

2.3 인터넷 통신망

2.3.1 거리(망의 크기)에 따른 분류

정보를 교환하기 위한 데이터 통신망에는 다양한 분류 기준에 따른 통신망의 종류가 있겠으나 대표적인 통신망으로 근거리 통신망, 원거리 통신망, 백본망 등이 있다.

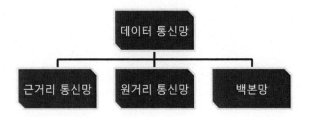

(1) 근거리 통신망(LAN)

근거리 통신망은 LAN 즉, Local Area Network이라 불리는 네트워크로서 건물 내 혹은 소규모의 지역 내에서 구성된 네트워크를 의미한다.

최초의 랜 서비스는 1964년에 핵무기 연구를 지원하기 위해 리버모어 연구소에서 시작했다.

근거리 통신망에서는 직접 케이블로 수백 미터에서 수 킬로 미터 거리에 있는 독립된 컴퓨터와 프린터, 디스크 등의 컴퓨터 자원을 연결한다.

미국 전기전자기술자협의(IEEE: Institute of Electrical and Electronics Engineers)와 국제 표준화 기구 (ISO: International Organization for Standardization)에서 정의한 바에 따르면, "랜은 한정된 지역에서 컴퓨터를 기본으로 하는 여러 가지 전자기기 사이의 자유로운 정보 교환을 의미하며 다른 밴더간의 기기간에도 서로 통신이 가능해야 한다"고 규정하고 있다.

(2) 원거리 통신망(WAN: Wide Area Network)

원거리 통신망은 광역 통신망, 광대역 통신망이라고 불리는 것으로 공중 데이터망을 이용하여 멀리 떨어진 곳에 위치한 컴퓨터 시스템들을 연결하는 네트워크를 말한다.

주로 국가 또는 대륙과 같은 넓은 지역을 연결한다.

(3) 백본망

백본(Backbone)은 자신에게 연결되어 있는 소형 회선들로부터 데이터를 모아 빠르게 전송할 수 있는 대규모 전송회선을 의미한다.

즉, 근거리 통신망에서 광역통신망으로 연결하기 위한 회선이다.

인터넷이나 다른 광역통신망에서 백본은 장거리 접속을 위한 고속 전용 회선이다.

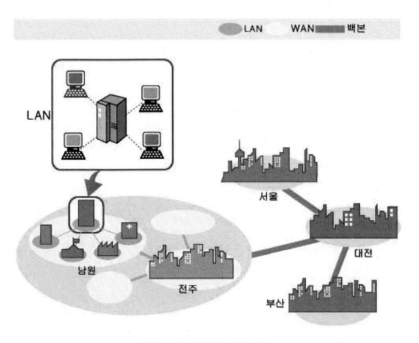

그림 6 거리에 따른 망의 분류

2.3.2 유선 통신 가입자망

유선가입자망이란 전화망이나 인터넷망 등을 백본망에서 간선망을 거쳐 최종적으로 가정, 기업, 학교 등의 가입자에게 연결하는 정보통신 인프라를 말한다.

유선가입자망 구축에서는 주로 가장 전송 효율이 높고 우수한 광케이블매체를 이용하여 중장거리 네트워크를 구축한다.

최근에 인터넷전화나 이동전화 등의 도입 확산으로 유선 전화 가입자망은 그 비중이 점차 줄어들고 있는 추세이다.

(1) 유선 통신 가입자망의 종류

- FTTC(Fiber to the Curb: 초고속 가입자망) 방식:통신국에서 가정 인근 기지국까지 광케이블을 이용하고 댁내까지는 전화선을 사용하여 구축하는 방식으로 xDSL(ADSL, VDSL, HDSL) 등이 있다.

   이 기술은 주로 광선로 증축이 불가능한 오래된 건축물이나 도서지역에 적용된다.

   * ADSL(Asymmetric Digital Subscriber Line)

     음성(저주파)와 데이터(고주파)를 분리

     하향 속도가 상향 속도보다 훨씬 빠른 비대칭 방식

   * VDSL(Very High-data rate Digital Subscriber Line)

     ADSL에 비해 매우 빠른 속도를 제공한다.

     대칭형 서비스와 비대칭형 서비스를 제공한다.

     사용자 수에 비례해 속도가 감소한다.

- HDSL(High bit-rate Digital Subscriber Line)

  빌딩이나 아파트까지 전용선을 끌고와 각 허브로 세대에 분배한다.

  전용 모뎀 필요 없이 랜카드만 있으면 된다.

  접속 상태가 안정적이다.

  사용자 수가 많을수록 속도가 떨어진다.

- FTTH(Fiber to the Home: 광가입자망)방식: 기지국에서 가정의 세대 단자함까지 직접 광케이블로 연결

- HFC(Hybrid Fiber Coaxial: 광동축혼합망) 방식: 지역 케이블방송국에서 가입자망 종단 장치까지는 광케이블을 사용, 종단에서 가입자 단말기까지는 동축케이블을 매체로 사용하는 혼합 방식으로 주로 디지털케이블TV 사용자 등에 적용된다.

- LAN 방: 근거리통신망 장비를 이용해 최대 200m 내외에서 아파트나 건물 등 내부 통신에 적용된다.

표 1 전송 매체별 Giga인터넷 서비스 제공

구분	전송 매체	제공 속도
xDSL	전화선	300~500Mbps
LAN	UTP Cat5	500Mbps
	UTP Cat5e	1Gbps
HFC	Coaxial	1Gbps
FTTH	Fiber	1G ~ 40G

(2) 유선 통신 가입자망 현황

● 2004년부터 2010년까지 BcN사업을 추진

● 2009년 1월에는 BcN보다 최대 10배 빠른 'Giga인터넷 서비스 기반구축' 사업을 추진

● 2015년에는 Giga인터넷 서비스 이용 가구가 전체 가구의 60% 수준이되었다.

● 2017년까지 전국 Giga 인터넷 커버리지 90% 확보를 목표로 'Giga 인터넷 활성화' 사업을 추진중에 있다.Giga인터넷망은 음성/영상전화, 스마트폰, full HDTV, 3DTV, UHDTV(Ultra HDTV) 및 클라우드, 사물통신, 빅데이터 서비스등으로 인한 트래픽의 증가를 감당할 수 있는 차세대 방송통신망 인프라의 근간으로 발전하고 있다.

● 2020년까지 'k-ICT네트워크 발전전략'을 수립하여 세계 최고 수준의 초연결망 구축을 통한 네트워크 기반 서비스 및 산업 활성화를 추진하고 있다.

● 유선 가입자망 기술 개발은 FTTH, LAN, HFC 방식에 의한 1Gbps급 수준으로 고도화가 진행중이며 2020년까지 전 가정의 FTTH 구축 및 10Gbps 서비스 상용화를 달성할 계획이다.

표 2 국내 초고속인터넷 기술방식별 이용현황

구분	xDSL	LAN	HFC	FTTx
적용 비율(%)	7.2	38.2	21.5	33.1
적용 분야	구 건축 및 도서지역	아파트, 건물내부	디지털케이블TV	신축 아파트

출처: 한국정보화진흥원(2015), 유선통신 가입자 통계(재구성)

2.3.3 인터넷 상용망

국내 인터넷 상용망은 2016년 94개 업체가 한국인터넷진흥원으로부터 IP주소를 할당 받아 인터넷을 사용하려는 사용기관 및 개인에게 전용선, 초고속인터넷 등의 서비스를 제공하고 있다.

(1) 코넷(KORNET)

코넷은 KT가 구축한 국내 초고속 정보 통신망으로 1994년 6월부터 전국 50여개 지역에 10G ~ 100Gbps의 고속 접속망을 구축했다.

또한 미국의 280Gbps급을 비롯해 세계적으로 100여 개의 인터넷 국제회선 서비스를 제공하고 있다.

IPTV 서비스 활성화를 위하여 백본 용량을 대폭 증설하여 서비스를 제공 중이다.

(2) 보라넷(BORANET)

LG U+의 인터넷 통신망으로 1994년 10월 기업 인터넷 전용회선 서비스로 시작해서 가정 고객을 대상으로 서비스를 확대하여 제공하고 있다.

보라넷은 전국 1,000개 이상의 백본망을 구성하여 전국에 우수한 품질의 인터넷 접속 서비스를 제공한다.

(3) 비넷(B-Net)

비넷은 SK 브로드밴드의 인터넷통신망으로 1999년 4월부터 상용 서비스를 시작해 2006년 국내 최초 IPTV 서비스인 'B tv'를 출시하였다.

현재 수많은 국내외 사업자들과 연동해 우수한 품질의 인터넷 서비스를 제공하고 있다.

2.3.4 국내 연구망

(1) KOREN(Korea advanced Research Network: 미래네트워크 선도시험망)

KOREN은 상용망에서는 보안성, 경제성 등의 문제로 신기술 적용이 어렵고 비수익 모델로 민간의 자체적 운영이 어려운 비영리성 성격의 국가 전략 사업이다.

주 목적은 정부의 ICT 정책과 연계하여 대학, 연구소, 산업체 등에 ICT 연구 개발을 지원하고 국가 첨단 ICT 분야의 원천 기술력을 확보하여 국가 기술 경쟁력을 강화하는 것이다.

- 활용 분야

  - Giga 인터넷, 클라우드, IoT, 빅데이터, 안전금융 등을 KOREN과 연계하여 성공적인 시범 서비스를 수행하였다.
  - 빅데이터 사업의 경우 10G로 대용량의 데이터 분석이 가능하도록 네트워크를 지원하였다.
  - 3.2Tbps급 광인터넷 장비 안전성을 검증하여 국내 기업의 해외 진출 활성화를 촉진하였다.

(2) KREONET(Korea Research Environment Opne NETwork: 첨단과학기술 연구망)

KREONET은 지역적 규모에 제한 받지 않는 창의적이고 도전적인 글로벌과학기술 협업 및 국제공동 연구 사업 지원을 위해 사이버 연구 환경을 구현하기 위한 망이다.

약 200여개의 연구소, 대학교, 정부기관, 등과 100여개에 이르는 첨단과학기술 연구 기관을 대상으로 IT는 물론 기상, 물리, 바이오, 의료 등의 기초, 응용 과학 분야는 물론 건설, 문화 등 우리나라의 핵심적 과학기술연구 인프라로 자리매김하고 있다.

2.3.5 국제망

(1) TEIN(Trans Eurasia Information Network: 유럽.아시아 초고속정보통신망)

아시아 국가 23개국, 유럽 34개국이 참여하여 공동연구협력을 촉진하기 위한 ASEM(Asia Europe Meeting: 아시아 유럽 정상회의) 사업이다.

- 2001년부터 우리나라와 EU의 국가 간 협약에 의한 사업을 기반으로 진행되며 2016년 제4기 사업이 마무리되고 TEIN5(2016 ~ 2021년)가 진행 중이다.

- 2012년에는 국내에 TEIN 협력 센터가 개소되어 사업 관리를 담당하고 있다.

- 한국정보화진흥원은 2009년부터 한국-홍콩, 홍콩-싱가포르 구간의 국제 회선을 직접 투자하여 TEIN 사업에 참여하고 있다.

(2) APII(Asia Pacific Information Infrastruture: 아시아, 태평양 정보통신 인프라)

1998년 아시아, 태평양 지역의 공동 번영을 위한 APEC(Asia Pacific Economic Cooperation:아시아 태평양 경제협력체) 협력 사업으로 시작

한국정보화진흥원은 10Gbps급 한일 APII을 위한 양자간 국제회선을 공동으로 구축 운영해왔다.

- 사업 내용

  - 영상공유시스템을 구축하여 재난영상 데이터를 수집, 공유
  - IoT기반 재난 데이터의수집 및 빅데이터 분석 플랫폼의 연구
  - 재난정보기반 네트워크 장비의 신뢰성평가기술 연구를 추진

(3) GLORIAD(Global Ring Network for Advanced Applications Development: 글로벌과학기술협업연구망)

2005년부터 미국의 NSF(National Science Foundation)의 프로그램의 일환으로 출범.

고에너지물리, 천문우주, 바이오, 핵융합에너지, 의료과학 등 대용량 혹은 실시간 데이터 전송 처리를 필요로 하는 대규모 글로벌협업연구를 지원하고 있다.

미국, 중국, 러시아, 캐나다, 등의 선진 연구망이 10기가급의 글로벌 네트워크 인프라를 기반으로 한다.

2010년부터 싱가포르, 인도, 이집트 등의 동남아시아는 물론 아프리카를 새로운 글로벌 파트너로 추가하면서 세계를 연동하는 국제연구망으로 성장하였다.

2015년에는 국제열융합시험로 프로젝트(www.iter.org), 슬론 디지털 천체관측 프로젝트 등 첨단 거대과학 분야가 포함되었다.

2.3.6 무선 통신 가입자망

무선통신망은 전파에 의한 통신을 의미하는 것으로 외부와 명확하게 구분된 선로가 존재하지 않기 때문에 통신과정에서 기온, 수온 등의 환경변화나 가시선(Line of sight)의 확보 여부에 따라 정보 송수신이 불안정해질 수 있다.

무선통신 기술은 여러 가지가 존재하지만 주로 사용되는 분류 기준은 단말과 단말 간 또는 기지국과 단말 간의 최대 신호 거리를 기준으로 삼는다.

(1) 1G(1세대)

● 아날로그 통신

(2) 2G(2세대)

- 음성을 디지털 신호로 변환해 전송하는 디지털 통신 시작

- CDMA(코드 분할 다중 접속, Code Division Multiple Access)

- 아날로그망에서 디지털망으로 전환시작

- 전송 속도가 최대 2.4Mbps까지 가능

(3) 3G(3세대)

- WCDMA(광대역 다중분할접속) 방식 채택 - 2003년 세계 최초로 채택하여 상용화함

- 전송속도는 다운로드 최대 14.4Mbps, 업로드 최대 5.8Mbps

- 유럽은 WCDMA 방식을, 미국은 CDMA2000 방식을 채택해 사용하고 있다.

- Wibro(와이브로, Wireless Broadband Internet)

  - 무선 광대역 인터넷 또는 휴대 인터넷 등으로 불린다.

  - 시속 120km로 이동하면서 끊김없이 인터넷을 이용할 수 있는 무선 인터넷 서비스

  - KTX 고속열차 및 서울/수도권 지하철, 택시 등의 대중교통 시설에서 활용도가 높다.

  - 광대역 주파수를 이용하기 때문에 대용량의 데이터 통신이 가능

  - IP 기반으로 네트워크 구축 비용이 저렴

- WiFi(Wireless Fidelity)

  - 무선접속장치(AP: Access Point)가 설치된 곳의 일정 거리 안에서 초고속 인터넷을 할 수 있는 근거리통신망(LAN)이다.

- 대학 캠퍼스, 커피숍, 호텔, 터미널 등에서는 AP를 사용하고 가정이나 작은 사무실은 AP의 기능이 합쳐진 유무선공유기를 주로 이용

(4) LTE(Long Term Evolution)

3G 이동통신 규격 중 유럽식 WCDMA에서 발전한 이동통신 규격이다.

전송속도는 이론적으로 다운로드 75Mbps로 WCDMA에 비해 최대 5배, 업로드 37.5Mbps로 WCDMA에 비해 최대 7배 정도가 빠르다.

WCDMA 후속 기술이어서 기존 3G 통신망과 연동이 쉽고 망 투자 비용을 줄일 수 있다는 장점이 있다.

(5) 4G(4세대)

ITU(전기통신연합)에서 4세대 이동통신 규격은 저속 이동 시 1Gbps, 고속 이동 시 100Mbps의 속도로 데이터를 전송할 수 있어야 한다고 규정했다.

4세대 무선 통신의 종류로는 "LTE-Advanced", "광대역 LTE", "와이브로-에볼루션" 등이 있다.

> **TIP**
>
> 2010년 12월 ITU에서 LTE와 와이브로, 다른 진화한 3G 망 등도 4G라고 부를 수 있다고 공표하면서 세대 구분이 다소 희미해졌다.

1. 통신의 3요소

- 통신 주체: 사람, 컴퓨터, 전화기, 동영상 단말기
- 통신 매체: 공기, 진동, 전파, 케이블, 광섬유
- 프로토콜: 통신 규약

2. 통신 매체의 종류

- 동축케이블: 구리선을 외부 도체가 둘러싸고 있는 동심원 형태의 고주파 전송 케이블 장거리 전화망, 케이블 TV 용으로 사용
- UTP케이블: 비차폐 쌍케이블, 6등급의 카테고리로 분류
  랜 케이블이나 사무실 배선용으로 사용
- 광케이블: 전기신호를 광선 신호로 바꾸어 유리 섬유를 통하여 전달하는 광섬유케이블
  심(Core), 클래드(Clad), 아크릴 재킷(Jacket)의 3개 층으로 구성
  다른 매체에 비해 대역폭이 넓고 데이터 전송률이 뛰어남
  단점: 전기 신호를 광 신호로 바꾸는 변환기가 필요하며 망 설계가 까다롭다.

3. 통신 장비

- 랜카드: 네트워크를 통해 전달된 데이터를 컴퓨터에서 사용 가능한 포맷으로 가공하는 역할
- 라우터: 가장 효율적인 통신 경로를 지정
- 허브: 접속 방식이 다른 물리층을 연결. 하나의 네트워크에 여러 단말기를 연결하는 용도
- 리피터브: 신호의 증폭

4. 통신망의 종류

- 근거리 통신망: 수 백미터 근거리 지역 내에서의 네트워크
- 원거리 통신망: 국가나 대륙을 연결하는 광대역 통신망. 공중 데이터망을 이용하여 연결

- 백본망: 소형 회선들을 모아 데이터를 빠르게 전송할 수 있는 대규모 전송회선
  근거리 통신망에서 광역 통신망으로 연결하기 위한 회선 및 회선의 모음

5. 유선 통신 가입자망

- FTTC 방식: ADSL, VDSL, HDSL 등의 초고속 통신망
- FTTH 방식: 통신국에서 세대 단자함까지 직접 광케이블로 연결하는 방식
- HFC 방식: 광동축혼합망, 디지털케이블TV에 사용
- LAN 방식: 아파트나 건물 등 내부 통신에 적용된다.

6. 무선 통신 가입자망

- WCDMA
- WIBRO
- LTE
- WiFi

7. 기타 망

- 국내 연구망: KOREN, KREONET
- 국제망: TEIN, APII, GLORIAD
- 차세대 융합망: BcN, IP-USN
- 인터넷 상용망: KORNET, BORANET, B-Net

1. 통신의 구성요소 세 가지를 나열하시오.

2. 다음 중 통신매체의 종류가 다른 하나는 무엇인가?

① UHF   ② 광섬유

③ 동축케이블   ④ UTP 케이블

3. 다음 설명 중 광케이블에 대한 설명과 다른 것은?

① 타 유선전송매체에 비해 대역폭이 넓다.

② 빛의 형태로 전송하므로 외부의 간섭을 받지 않는다.

③ 초고속 전송에 유리하다.

④ 2개의 구리선을 꼬아서 만든 쌍케이블을 절연시킨 케이블이다.

4. 컴퓨터와 네트워크간의 인터페이스 역할을 하는 통신매체는 무엇인가?

5. 다음 중 라우터에 대한 설명 중 다른 하나는 무엇인가?

① 가장 효율적인 통신경로를 지정하여 전송하는 장치이다.

② 유지보수가 용이하다.

③ 다양한 경로를 따라 통신량을 분산 시킬 수 있다.

④ 다양한 프로토콜을 지원한다.

6. 다음 중 통신매체에 대한 설명 중 틀린 것은?

① 허브는 접속방식이 다른 물리층을 연결하는 장치이다.

② 리피터는 신호를 증폭시켜 먼거리까지 전달하게 한다.

③ 스위치는 사용자의 숫자가 늘어나도 속도가 떨어지지 않는다.

④ 랜카드는 가장 효율적인 통신경로를 지정한다.

7. 인근 기지국까지만 광케이블을 이용하고 가정 내 까지는 전화선을 이용하는 초고속 유선통신망은 무엇인가?

8. 다음 통신망 중에서 종류가 다른 하나는 무엇인가?

① CDMA ② FTTH

③ HSDPA ④ WiBro

9. 다음 중 무선통신망에 대한 설명 중 다른 하나는?

① 이동중에도 언제 어디서나 끊김없이 초고속 인터넷을 즐길 수 있다.

② 광대역주파수를 이용하여 대용량의 데이터통신이 가능하다.

③ 전파나 적외선 전송방식을 사용한다.

④ IP 기반으로 네트워크 구축비용이 저렴하다.

10. 다음 중 차세대 인터넷 융합망에 속하지 않는 것은?

① HFC ② BcN

③ IP−USN ④ UBcN

정답			
1.	통신주체, 통신매체, 프로토콜	6.	④
2.	①	7.	FTTC
3.	④	8.	② (나머지는 무선통신임)
4.	랜카드	9.	③
5.	④	10.	①

인터넷 서비스 관련 기술

- 프로토콜의 의미와 그 종류에 대해 학습할 수 있다.
- TCP/IP 프로토콜의 특징과 역할에 대해 살펴볼 수 있다.
- 인터넷 주소 체계, IP, Domain name에 대해 이해할 수 있다.
- 인터넷 자원의 주소인 URL의 사용 방법에 대해서 학습할 수 있다.

3.1 데이터 교환 기술

3.1.1 회선 교환 방식

● 정의

호출자와 수신자 사이를 연결하기 위해 전기적인 경로나 회선을 연결시키는 방식

● 특징

- 연결된 회선은 독립적으로 계속 사용할 수 있다.
- 사용이 끝나면 회선은 단절되고 다음 연결을 위해 대기 상태가 된다.
- 한번 경로가 정해져 연결되면 간섭할 수 없다.
- 데이터를 전송할 때는 회선을 계속 점유해야 하므로 다른 기기들이 통신하기 위해 계속 대기해야 하는 문제점이 있다(예: 전화).

3.1.2 패킷 교환 방식

● 정의

데이터를 작은 패킷 단위로 나누어서 목적지까지 전송하는 방식

● 특징

- 우편 배달 방식과 흡사
- 한 선로를 여러사람이 동시에 이용할 수 있다.
- 선로의 독점을 막고 데이터의 손실도 적으며 전송속도로 비교적 빠르다.
- 패킷은 헤더부분과 실제 데이터를 담는 부분으로 나뉜다.

▪ 헤더에는 수신측에서 필요한 정보(데이터를 조합하기 위한 정보, 송수신할 컴퓨터의 주소, 보낼곳의 정보)들이 공통된 서식으로 추가된다(예: 인터넷).

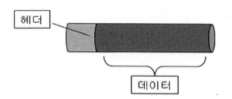

3.2 프로토콜

3.2.1 프로토콜의 의미

정보통신 기기간에 정확하고 효율적인 정보 전달을 위해 미리 정해둔 절차 및 규약

송신자가 어떤 메시지를 보내면 수신자는 해당되는 상황에 적절한 대응 메시지를 보내고 다시 송신자는 수신된 메시지에따라 어떤 처리를 해야 하는지 등을 사전에 약속해 둔 것

- 프로토콜의 역할

  - 오류 정정 기능
  - 원활한 전송을 하기 위한 동기화(Synchronization)
  - 흐름 제어
  - 주소등의 약속들이 포함

3.2.2 인터넷 프로토콜의 종류

- FTP(File Transfer Protocol) : 파일 전송 서비스 지원

- SMTP(Simple Mail Transfer Protocol) : 전자우편 서비스 지원

- POP3(Post Office Protocol 3) : 전자우편 서비스 프로토콜의 세 번째 버전

- NNTP(Network News Transfer Protocol) : 인터넷 뉴스 서비스 지원

- HTTP(Hyper Text Transfer Protocol) : World Wide Web 상에서 사용되는 html 문서를 주고 받기 위한 프로토콜

- TCP/IP(Transmission Control Protocol/Internet Protocol) : 인터넷에 연결하기 위한 공통의 표준 프로토콜

3.2.3 TCP/IP 프로토콜

(1) TCP/IP 프로토콜의 개요

서로 다른 지역에서 서로 다른 기종의 컴퓨터로 인터넷을 하기 위해서 100여 개 이상의 프로토콜이 사용되는데 이중에서도 가장 인터넷의 표준이 되는 프로토콜

1980년 미 국방부에서 구축한 알파넷(ARPANET)에서 처음으로 TCP/IP 프로토콜을 제정하여 사용한 이후 전세계가 TCP/IP를 인터넷 표준 프로토콜로 채택하여 사용하기 시작

TCP/IP는 모두 5계층 즉, 애플리케이션 계층, 전송 계층,네트워크 계층, 데이터링크 계층, 물리계층 등으로 구성

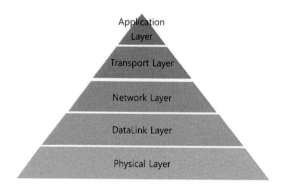

그림 1 TCP/IP프로토콜 5계층

(2) TCP/IP의 구조

▩ 애플리케이션 계층(Application Layer)

● TCP/IP 계층군에서 가장 상위에 위치

● 다양한 애플리케이션 서비스를 실현하기 위한 다양한 애플리케이션 프로토콜이 필요

● HTTP, FTP, POP3, SMTP, NNTP, NFS등의 프로토콜이 속함

▩ 전송 계층(Transport Layer)

● 전송 계층은 애플리케이션층과 네트워크층의 중개 역할을 하는 곳

● 전송 계층에는 TCP(Transmission Control Protocol)와 UDP(User Datagram Pro-tocol)라는 2개의 프로토콜이 있다.

● TCP

　▪ 데이터를 적당한 크기의 패킷으로 나누고 각 패킷에 일련번호를 부여하여 전송

　▪ 재전송의 기능 : TCP는 데이터 전달의 정확성에 목표를 두고 데이터가 도중에 파손되어 상대에게 전달되지 못했을 때 재전송하는 기능이 있다.

　▪ 데이터의 정확성 : 데이터를 정확하게 전달해야 하는 전자 메일 서비스나 www 서비스등에 사용

　▪ 데이터의 재조립 : 수신된 데이터의 패킷들을 원래의 메시지로 재조립한다.

● UDP

　▪ UDP는 데이터 전송의 속도에 관여하는 프로토콜로서 '데이터를 빨리 전달하는 것'이 목적

　▪ 상대에게 데이터를 보내기만 할 뿐 그 이후의 다른 지원(재전송, 흐름제어)은 없다.

- UDP는 실시간성이 요구되는 IP전화나 음악이나 영상등의 스트리밍 송출등
  에서 사용

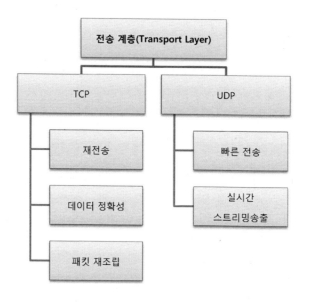

🞘 네트워크 계층(Network Layer)

전송층으로부터 데이터를 받아 수신처의 IP주소 등을 기록한 IP헤더를 붙여 데이터
링크층에 전달

- IP 프로토콜 : IP 주소를사용하여 적절한 루트를 찾아 최적의 경로로 보내는역할

  데이터를 보낸 이후 오류에 대한 검증이 없어 잘못된 오류로 인한 재전송은 하지 않
  는다.

🞘 데이터링크 계층(Datalink Layer)

직접 접속된 기기와의 통신을 위한 층

- 비트열을 프레임으로 나누어서 네트워크층에 전달하거나 프레임을 비트열로 변환해
  서 물리층에 전달하는 역할

⌘ 물리 계층(Physical Layer)

- 비트열과 신호의 변환이 일어남

- 비트열을 전압의 고저나 빛의 점멸등의 형태로 변환하거나 반대로 전압의 고저나 빛의 점멸을 비트열로 변환하는 층

- 변환 방법은 기기의 성질에 의존하기 때문에 정해진 프로토콜은 없다.

TCP/IP 5계층 프로토콜	
Application Layer	HTTP, FTP, POP3, SMTP, NNTP
Transport Layer	TCP, UDP
Network Layer	IP
DataLink Layer	Ethernet
Physical Layer	비트열 변환

(3) TCP/IP 프로토콜의 계층간 동작

송신시	TCP/IP	수신시
수신측 애플리케이션이 처리할 수 있게 만듦	애플리케이션 계층	애플리케이션에서 표시
네트워크상에서 공통된 형태로 만듦	전송 계층	데이터에 문제가 있으면 재전송
수신처 경로를 정하고 보낼 수 있는 형태로 만듦	네트워크 계층	데이터의 수신인 확인
비트열(0과 1)로 변환	데이터링크 계층	비트열을 데이터로 변환
비트열을 전압이나 빛의 점멸 신호로 변환하여 송신	물리 계층	전압이나 빛의 신호를 비트열로 변환

3.3 인터넷 주소 체계

(1) 오프라인

인간은 건물, 아파트, 주택등에 우편물을 배달하기 위해 주소(address)를 사용한다. 이때 모든 건물들은 중복되지 않은 고유한 주소를 가지고 있다.

(2) 온라인

온라인에서도 인터넷망에 연결되어 있는 모든 컴퓨터들은 고유한 주소를 가지고 있다.

인터넷에 연결된 컴퓨터의 주소는 컴퓨터가 식별하기 쉽게 체계화된 IP 주소와 인간이 인식하기 쉽게 만든 도메인 네임으로 구별한다.

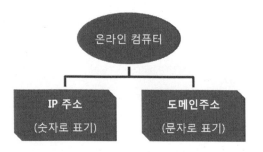

3.3.1 IP 주소

(1) IP 주소 체계

IP 주소란 인터넷에 연결되어 있는 컴퓨터들을 식별하기 위해 인터넷에 연결된 컴퓨터에게 주어지는 숫자 주소

인터넷에 연결되기 위해서는 컴퓨터들은 1개 이상의 고유 주소를 가져야 통신 가능

인터넷에서는 패킷의 헤더에 IP 주소를 써서 패킷을 전송

IP주소는 IPv4와 IPv6 두 가지 타입의 주소형식으로 대별된다.

세계 IP 주소를 할당하고 관리하는 곳은 ICANN 산하 기관인 IANA(인터넷할당번호관리기구: Internet Assigned Numbers Authority)이다.

다시 ICANN을 정점으로 대륙별로 5개의 관리 기구를 두고 있고 아시아는 APNIC(아시아태평양주소자원관리기구)에서, 우리나라는 한국인터넷진흥원(KRNIC)에서 인터넷 등록 기관의 역할을 하고 있다.

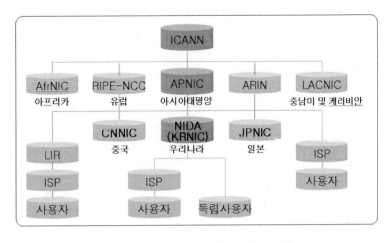

그림 2 전 세계 인터넷주소자원 관리기구 체계도

- IPv4

  - 32비트 주소 체계
  - 32비트를 다시 8비트씩 점(.)으로 구분하고 10진수로 바꾸어서 표기한다.
  - IPv4 주소는 총 43억 개의 유한한 자원이다.
  - 우리나라는 1990년 초부터 안정적인 인터넷 서비스 제공을 위해 IP주소를 확보하기 위해 노력하여 2016년 기준 IPv4 주소 보유량은 1억 천 만여 개로 세계 6위를 차지하였다.
  - IPv4사용 예 : '192.168.15.10'

- IPv6

  - Wi-Fi, IP기반 모바일 환경의 확산, 유무선 통합 서비스 제공, 스마트기기 보급 확대 등에 따른 IP주소 수요가 급증하였다.
  - M2M 서비스, 클라우드 컴퓨팅, 홈네트워크 서비스 등 천 억대 이상의 기기들이 인터넷에 연결될 것으로 전망된다.
  - ICANN에서 IPv4 주소 고갈을 우려해 IPv4 주소 '신규할당 중지'를 시행하였다.
  - 128비트 체계로 주소의 총 수는 거의 무한대에 가까운 새로운 주소 체계인 IPv6를 도입하였다.
  - 우리나라는 2016년 2월 말 기준 IPv6 보유량이 세계 10위 수준이다.
  - IPv6사용 예 : 21DA:00D3:0000:2F3B:02AA:00FF:FE28:9C5A

(2) IP 주소 클래스

IP 주소는 일정한 주소 그룹을 묶음으로 하나의 네크워크기관에 할당하고 다시 그 네트워크 그룹에 속해있는 호스트들에게 각각 주소를 할당해주는 방식이다.

IP 주소는 네트워크 주소와 노드 또는 호스트 주소로 나뉘어진다.

IP 주소는 네트워크에 접속할 수 있는 호스트의 수에 따라서 A클래스에서 B, C, D, E클래스까지 다섯 단계로 구분

D와 E클래스는 특수 용도나 미래 사용을 위해 남겨둠

● A클래스

국가나 대형 통신망에 사용

Network.node.node.node로 구성

0		8	16	24
0	NETWORK (7비트)	host								host

● B클래스

B클래스는 중대형 통신망이나 학술기관등에 배정

A클래스에 비해 네트워크 수는 많고 호스트 수는 적다.

0			16	24
1	0	NETWORK (14비트)	host	host

- C클래스

C클래스는 소규모 회사 등에 배정

B클래스에 비해 네트워크 수가 더 많고 호스트 수는 적다.

0				24
1	1	0	NETWORK (21비트)	host

3.3.2 도메인 네임(Domain Name)

숫자로만 구성된 인터넷에 연결된 컴퓨터의 주소, 즉 IP 주소 대신 사람이 기억하기 쉽게 만든 문자 주소이다.

도메인 주소는 전 세계적으로 중복되지 않도록 고유해야 하므로 정해진 체계에 따라 생성된다.

영문, 한글, 숫자, 하이픈(-) 등의 문자열로 나열된 주소 체계

IP 주소와 1:1, 1:n, n:1로 대응된다.

도메인 네임 체계에는 '3단계 도메인 체계'와 '2단계 도메인 체계'가 있다.

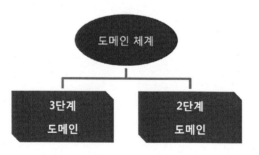

(1) 3단계 도메인 체계

3단계 도메인 네임은 루트(root)도메인을 기준으로 계층적(역트리 구조: Inverted tree)으로 구성된다.

- 1단계 레이블 또는 최상위 도메인(TLD: Top Lever Domain)
  도메인의 가장 마지막에 올 수 있는 레이블이다.

    - 국가최상위도메인(ccTLD: country code Top Level Domain) -'kr', '한국'
    - 일반최상위도메인(gTLD: generic Top Level Domain)

👥 TIP

신규 일반최상위도메인

국제적으로 새로운 일반최상위도메인 생성에 대한 요구가 증가
ICANN은 2012년 기존의 23개 일반최상위도메인 외에 추가로 일반최상위도메인 신청 접수 시작
(국제적 신청 예) .home, .art, .inc, .bank, .music
(국내 신청 예) .samsung, .삼성, .hyundai, .kia, .doosan

- 2단계 레이블 또는 서브도메인(SLD: Second Level Domain)
  최상위도메인 전에 나올 수 있는 레이블.
  가령, .com같은 일반최상위도메인 앞에 나올 수 있는 2단계 레이블은 '희망문자열'이 된다.
  반면, 'kr' 과 같은 국가최상위도메인 앞에 나올 수 있는 2단계 레이블은 '기관명'이 된다.

- 3단계 레이블 : 신청인이 직접 이름을 정하는 기관 명칭

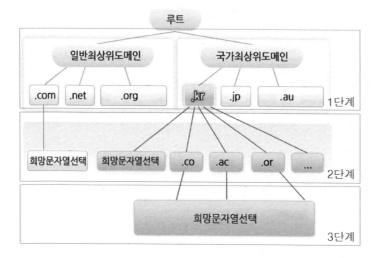

그림 3 도메인 네임 체계

서버의 종류/ 기관명칭/ 서브도메인/ 최상위도메인

서버의 종류/ 기관명칭/ 최상위도메인

그림 4 도메인 네임 예시

(2) 2단계 도메인 체계

국내에서는 2006년에 2단계 체계 도메인을 '국문 2단계'(한글.kr)와 '영문 2단계'(영문.kr)로 도입하였다.

- 국문 2단계 (예: 한국인터넷진흥원.kr)

- 영문 2단계 (예: kisa.kr)

2011년에는 국문 2단계 체계에 '한글.한국' 도메인도 도입하였다(예: 한국인터넷진흥원.한국).

'한국' 도메인의 도입으로 한글 상호, 브랜드명, 이름 등을 그대로 사용할 수 있어 영어에 익숙하지 않은 사용자의 인터넷 접근성이 높아졌다.

표 1 국가 도메인 등록현황(2016년 2월 기준)

(단위 :건)

구분	2단계 체계			3단계 체계
	영문.kr	한글.kr	한글.한국	
등록 건수	258,394	63,109	42,711	716,168
합계	364,214			

[한국인터넷진흥원, 인터넷백서,2016]

표 2 최상위 도메인 종류

국가코드 최상위 도메인	국명	일반 최상위도메인	기관명
Kr	한국	org	비영리기관
uk	영국	com	회사
jp	일본	gov	정부
cn	중국	edu	교육기관
ca	캐나다	net	네트워크
fr	프랑스	mil	군사기관

표 3 서브 도메인 종류

도메인	내용
or	비영리 기관
co	영리
go	정부
ac	교육 기관
nm	네트워크
re	연구 기관
pe	개인
seoul	서울특별시
busan	부산광역시

(3) 전 세계 국가 도메인 등록 현황

전 세계 국가도메인 등록현황[1]을 보면, 2015년 12월 기준으로 독일의 국가도메인 '.de'가 1,603만 499건으로 가장 많이 등록되어 있다.

일반최상위도메인의 경우 1985년에 .com, .net, .org 등 23개로 시작하여 2011년에 ICANN은 추가로 일반최상위도메인을 도입을 최종 승인했다.

국내의 경우 '.삼성', '.samsung', '.kia', '.hyundai' 총 4건이 신규 일반최상위도메인 으로 등록되었다.

특히 신규 일반최상위도메인 중 .xyz, .top, .win 등이 큰 폭의 성장세를 보이고 있 고 .party, .click 도 지속적인 증가세를 보이고 있다.

---

1) 한국인터넷진흥원, 인터넷백서, 2016

표 4 주요 일반최상위도메인 등록 현황

gTLD	도입 시기	소재지	등록 대상	등록 건수
.com	1985	미국	제한없음	123,853,965
.net	1985	미국	네트워크제공자	15,769,690
.org	1985	미국	제한없음	10,963,126,
.info	2001	아일랜드	제한없음	5,215,012
.biz	2001	미국	비즈니스	2,421,048

출처: 인터넷백서 2016, ICANN, 2015

3.3.3 DNS(Domain Name System)

(1) DNS개요

IP 주소와 도메인 네임을 일대일로 대응시켜 변환해주는 서비스

네트워크에 연결되어 있는 모든 컴퓨터는 IP 주소 체계로 관리되고 있다.

IP주소는 컴퓨터 및 정보통신설비가 인터넷에서 특정 정보시스템을 식별하여 접근할 수 있도록 하는 숫자, 문자 조합의 정보체계이고 도메인은 인터넷상에서 특정 정보시스템을 찾아가기 위해 사람이 기억하기 쉬운 문자 형태로 표기한 정보 체계이다. 따라서 도메인 네임을 IP 주소와 연결해주어야 한다.

IP 주소와 도메인 네임을 일대일로 대응시켜 변환해주는 서비스를 DNS라고 한다.우리가 인터넷 주소줄에 도메인 네임을 입력하변 컴퓨터는 DNS 서버에 접속하여 IP 주소를 얻어온다.

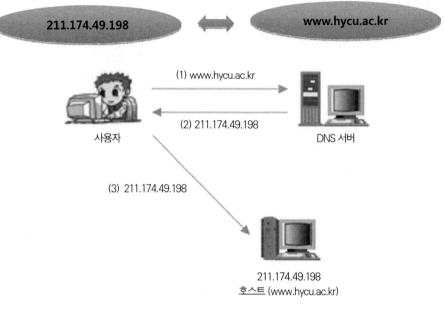

그림 5 DNS 동작과정

(2) DNS 서비스 보안 취약점

DNS 시스템은 IP주소에 대한 검증 없이 이루어지므로 해커에 의한 위변조 발생시 확인이 불가능하다.만일 해커가 해당 패킷을 가로채 실제 주소를 다른 주소로 변조할 경우 위조된 IP주소가 그대로 인터넷 이용자에 전달되게 된다.이때 해커가 준비한 위장사이트에 접속되고 자신의 계정과 비밀번호 등이 노출되어 피싱(Phising)과 같은 인터넷 침해사고로 이어질 수 있다.

이에 DNS 정보의 무결성을 위해 DNSSEC(DNS Security Extensions: DNS 위변조 방지기술) 국제 표준을 도입하여 운영하고 있다.최근 웹페이지를 목표로 하는 공격보다 DNS를 이용하는 공격방식이 급증하고 있어 DNSSEC 확산이 필요하다.

3.3.4 URL(Uniform Resource Locator)

URL이란 인터넷의 다양한 종류의 서비스 또는 컨텐츠를 제공하는 서버에 담겨 있는 파일의 위치를 표시하는 주소이다.

웹브라우저라는 하나의 단일도구안에서 URL을 이용하여 다양한 형태의 인터넷 서비스를 이용할 수 있다(이메일, 텔넷, FTP 등).

이렇게 다양한 서비스를 이용하기 위해서는 각 서비스 종류에 맞는 프로토콜 이름과 서버의 위치, 즉 도메인 이름, 그리고 접속할 자원(파일)의 위치와 이름이 필요하다.

(1) URL 표기 형식

프로토콜 이름 : // 호스트주소 : 포트번호(생략가능) / 자원이름

- 프로토콜 이름 : 제공받을 인터넷 서비스 종류 프로토콜
- 호스트주소 : 도메인 이름 또는 IP 주소
- 포트번호 : 서비스에 할당된 포트번호(기본값일경우 생략)
- 자원이름 : 해당 서비스를 실행할 디렉토리를 포함한 파일 이름

(2) URL 사용 예

- http://www.hycu.ac.kr/univinfo/About_Info.asp : 한양 사이버대학교 학교소개 페이지
- http://portal.hanyangcyber.ac.kr/Lecture/Lecview/LecList/LectureList.asp : 한양 사이버대학교 강의목록 페이지

1. 인터넷 프로토콜의 종류
   - FTP(File Transfer Protocol): 파일 전송 서비스 지원
   - SMTP(Simple Mail Transfer Protocol): 전자우편 서비스 지원
   - POP3(Post Office Protocol 3): 전자우편 서비스 프로토콜의 세 번째 버전
   - NNTP(Network News Transfer Protocol): 인터넷 뉴스 서비스 지원
   - HTTP(Hyper Text Transfer Protocol): World Wide Web 상에서 사용되는 html 문서를 주고 받기 위한 프로토콜
   - TCP/IP: 인터넷에 연결하기 위한 공통의 표준 프로토콜

2. TCP/IP 프로토콜 모델

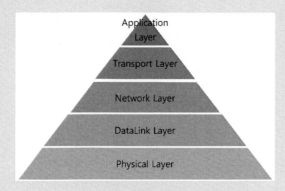

   - 애플리케이션 계층(http, nntp, smtp, ftp)
   - 트랜스포트 계층(TCP, UDP)
   - 네트워크 계층(IP)
   - 데이터링크 계층(Ethernet)
   - 물리 계층(비트열 변환)

3. 인터넷 주소 체계

- IP 주소(Internet Protocol) : 인터넷에 연결된 컴퓨터의 숫자 주소
- 도메인 주소(Domain Name) : 인터넷에 연결된 컴퓨터의 문자 주소
- DNS(Domain Name System) : IP 주소와 도메인 주소를 1:1로 연결시켜 주는 시스템
- URL(Uniform Resource Locator) : 인터넷 자원의 위치 주소

EXERCISE

1. 다음 중 인터넷에서 데이터 전송을 위해 사용하는 작게 나눠진 데이터를 무엇이라 하는가?

   ① 헤더   ② 세그먼트

   ③ 패킷   ④ 데이터그램

2. 다음 중 URL 표기시 사용되는 서비스 프로토콜에 해당되지 않는 것은?

   ① FTP   ② NEWS

   ③ WWW   ④ TELNET

3. 다음 각 프로토콜이 속하는 TCP/IP 5계층을 고르시오. (각 계층의 영문 첫자로 쓰시오)

> HTTP
> UDP
> TCP
> IP
> SMTP
>
> 〈프로토콜계층〉
> Network Layer
> Transport Layer
> Application Layer
> DataLink Layer
> Physical Layer

4. IP 주소 클래스 중 소규모 회사등이 받을 수 있는 클래스는 무엇인가?

5. 도메인네임 체계에 대한 설명 중 틀린 것을 모두 고르시오.

① 퀵돔은 2단계영문도메인이다.

② IP 주소와 n : 1 또는 1 : n 대응도 가능하다.

③ 32비트 주소체계를 사용한다.

④ D와 E클래스는 사용하지 않는다.

6. IP 주소체계에 대한 설명 중 틀린 것은?

① 패킷의 헤더에 붙여서 사용된다.

② 인터넷에 있는 자원의 주소이다.

③ 세계 IP 주소를 관리하는 곳은 ICANN이다.

④ 우리 나라는 KRNIC에서 관리한다.

7. 다음 중 최상위 도메인으로 사용할 수 없는 것은?

① com   ② au

③ or   ④ net

8. 다음 중 최상위도메인과 기관명이 잘못 짝지어진 것은?

　　① gov: 정부기관　　　　　　　② uk: 영국

　　③ org: 비영리기관　　　　　　④ ac: 교육기관

9. URL 표기형식에서 생략 가능한 요소는 무엇인가?

　　① 프로토콜　　　　　　　　② 호스트주소

　　③ 자원이름　　　　　　　　④ 포트번호

10. IP주소와 도메인 네임을 일대일로 대응시켜주는 시스템을 무엇이라 하나?

정답

1. ③

2. ③

3. A, T, T, N, A,

4. c클래스

5. ③ , ④ (IP 주소에 대한 설명임)

6. ② (URL 에 대한 설명임)

7. ③ (or 은 서브도메인임)

8. ④ (ac 는 교육기관 서브도메인이고 edu 가 최상위 교육기관임)

9. ④

10. DNS

월드와이드 웹 서비스 이해와 활용

- 인터넷에서 사용할 수 있는 서비스의 종류에 대해 익힐 수 있다.

- 월드 와이드 웹 서비스의 개념을 이해할 수 있다.

- 이메일 서비스의 기본 개념들을 익힐 수 있다.

4.1 인터넷에서 사용할 수 있는 서비스의 종류

인터넷 서비스란 인터넷을 통해 이루어지는 다양한 형태의 서비스활동을 의미한다.

인터넷에서 사용할 수 있는 서비스의 종류는 아래와 같다.

- 전자우편 서비스

- 유즈넷 서비스

- FTP서비스

- 텔넷서비스

- P2P서비스

- 메신저서비스

- WWW서비스

(1) 전자우편 서비스

이메일(Electric mail)은 컴퓨터 통신망을 이용하여 컴퓨터 사용자간에 메시지나 데이터를 주고 받을 수 있는 통신 방법이다.

(2) 유즈넷 서비스

유즈넷은 1980년 듀크 대학의 대학원생에 의해 개발된 전자게시판(BBS)이다. 공통된 관심사에 대한 정보와 토론을 벌일 수 있는 인터넷 서비스로 주제에 따라 분류된 계층구조를 갖고 있다.

(3) FTP 서비스

FTP는 'File Transfer Protocol'의 약자로 파일을 주고 받는데 쓰이는 전송규약을 의미한다.

'윈도우 탐색기'나 '내컴퓨터'와 비슷한 환경을 제공한다.

(4) 텔넷 서비스

사용자가 다른 곳에 위치한 컴퓨터를 온라인으로 연결하여 사용하는 서비스이다.

도메인 네임이나 IP주소 그리고 사용자 이름(ID)과 비밀번호만 알면 전세계 어느 컴퓨터든지 접속 가능하다.

(5) P2P(Peer-to-peer) 서비스

네트워크에 있는 컴퓨터간에 직접 파일을 교환하는 형태의 서비스이다.

P2P 서비스는 서버/클라이언트 모델에 대응되는 P2P모델이다.

서버/클라이언트 모델에서 각 컴퓨터의 관계가 주종의 관계인 반면, P2P는 각 컴퓨터의 관계가 동등한 입장에서 MP3, 동영상 뿐만아니라 데이터나 주변 장치등을 공유한다.

(6) 메신저 서비스

인터넷에서 실시간으로 직접 메시지를 주고 받을 수 있는 서비스를 말한다.

단순한 메시지 교환뿐만 아니라 파일 교환, 음성 채팅, 화상등의 기능도 함께 제공한다.

일종의 P2P 형태의 서비스이다.

(7) WWW(World Wide Web) 서비스

하이퍼텍스트 형태의 문서를 이용하여 정보를 제공하는 서비스이다.

텍스트 외에 그림, 음성, 동영상 등 다양한 형태의 정보들을 제공한다.

- 하이퍼텍스트란 : 하이퍼링크로 연결된 텍스트를 의미

- HTML로 작성한 하이퍼링크의 예

  〈a href="http://www.hycu.ac.kr〉한양사이버대학교〈/a〉를 클릭하면 학교 홈페
  이지로 이동합니다.

  <u>한양사이버대학교</u> 를 클릭하면 학교 홈페이지로 이동합니다.

월드 와이드 웹 서비스

4.2.1 웹(Web)의 역사

CERN의 팀 버너스리가 '하이퍼텍스트 프로젝트'를 제안한 것이Web의 시초가 되었다.

하이퍼텍스트 서비스를 이용할 수 있는 최초의 웹 '브라우저(Browser)'인 '모자이크(Mosaic)가 개발되면서 웹 서비스는 당시 1993년 초 인터넷을 이용한 서비스 중에서 127위를 차지했다가 1년만에 11위를 기록할 정도로 폭발적으로 발달했다.

(1) 하이퍼텍스트

하이퍼텍스트란 텍스트끼리의 이동을 정의하는 하이퍼링크(hyperlink)가 적용된 텍스트를 의미하는 것으로 Ted Nelson이 '3차원 이상의 공간'이라는 뜻의 'Hyper'와 '문서'의 뜻을 가진 'Text'를 붙여서 만든 합성어이다.

문서 내 특정 정보와 연관된 구체적 정보를 연계시켜 문서를 읽는 도중 연결된 텍스트를 클릭하면 곧바로 연관 정보가 있는 곳으로 곧바로 이동하여 검색할 수 있는 형태이다.

HTML(Hyper Text Markup Language)로만들어지고 문서의 확장자는 *.HTML 혹은 *.HTM이다.

(2) 하이퍼미디어(Hypermedia: Hypertext + Multimedia)

일반 텍스트 형태의 문서뿐만 아니라 그림, 음성, MPEG 형식의 화상 등을 포함하는 각종 데이터를 하나의 문서로 통합한 것으로 관련있는 소리나 이미지,영상등으로 곧바로 이동할 수 있다.

4.2.2 웹의 운영방식

(1) 클라이언트/서버모델

서버는 인터넷을 통해 필요한 자료나 디스크, 프린터 장치 등을 제공하고 클라이언트는 이를 이용하는 형태

● 클라이언트

사용자의 입력에 따라 웹 서버에게 필요한 정보가 담긴 문서를 요청하는 컴퓨터 또는 프로그램으로 클라이언트 전용 프로그램이 필요하다(예: 웹브라우저).

● 서버

클라이언트의 요청에 따라 다양한 형태로 자신의 서버 컴퓨터에 담긴 정보들을 제공해주는 컴퓨터로 서버 전용 프로그램이 필요하다.

서버는 제공하는 정보와 서비스의 종류에 따라 여러 종류로 나뉜다.

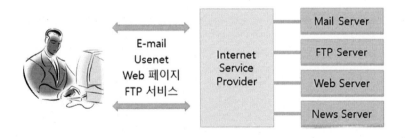

그림 1 서버/클라이언트 모델

(2) 웹 문서 서비스 제공 과정

- 웹 클라이언트에서 하이퍼링크가 설정된 하이퍼텍스트를 선택

- 하이퍼링크로 연결된 URL에 의해 HTTP를 이용하여 웹 서버에 접근함

- 웹 서버에 대해 관련된 문서를 요청함

- 서버는 텍스트와 관련 정보를 클라이언트에 전송함

- 클라이언트는 브라우저를 이용해서 텍스트와 미디어를 화면상에 표시함

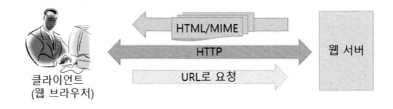

4.3   웹 브라우저의 종류

웹 브라우저란 인터넷을 이용하여 웹서버의 하이퍼텍스트 문서를 볼 수 있게 해주는
클라이언트 프로그램을 말한다.

현재의 웹브라우저는 텍스트나 이미지외에도 동영상과 같은 멀티미디어를 처리할
수 있는 하이퍼미디어 기능이 포함되어 있다.

4.3.1 모자이크(Mosaic)

최초의 GUI(Graphic User's Interface) 방식의 웹 브라우저이다.

1992년 미국 일리노이 대학의 슈퍼 컴퓨팅 센터(NCSA, National Center for
Supercomputing Applications)에 있는 마크앤드리슨이 개발하였다.

90년대 최고의 프로그램으로 인정되었으나 속도가 느리다는 단점이 있었다.

1997년 1월 7일 자로 공식적으로 지원 및 개발 중단을 발표했다.

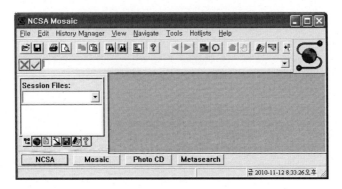

그림 2 모자이크 레이아웃

4.3.2 네스케이프 네비게이터

모자이크의 개발에 참여했던 마크 앤드리슨이 실리콘그래픽사의 짐 클락과 함께 1994년 9월 회사(넷스케이프사)를 설립하였고 이후 '네비게이터'라는 웹 브라우저를 개발하였다.

네비게이터는 편리한 사용자 환경과 빠른 처리 속도로 한 때 웹 브라우저 점유율이 90%에 달했으나 마이크로 소프트사의 '인터넷 익스플로러'가 등장하면서 이용자가 계속 줄다가 이후 '인터넷익스플로러'와의 소송 전쟁에서 패배한 후 2008년 3월 서비스 지원 및 개발 중단을 발표했다.

그림 3 네스케이프 네비게이터 레이아웃

4.3.3 인터넷 익스플로러

1995년에 '윈도우95'라는 운영체제를 출시한 마이크로소프트사가 웹브라우저 '인터넷 익스플로러(Internet Explorer)'를 개발하였다.

이후 마이크로소프트사가 자사의 새로운 OS인 프로그램인 '윈도우 95'에 익스플로러 3.0을 포함하여 공급하기 시작하였고 2006년 2월 당시 세계에서 가장 많이 사용되는 웹 브라우저로서 세계 시장의 90%를 차지했지만, 맥 OS에서의 인터넷 익스플로러 지원을 중단하고 대체 웹 브라우저가 개발되면서 인터넷 익스플로러는 하락세를 보이기 시작했다.

그림 4 인터넷익스플로러 레이아웃

4.3.4 기타 웹브라우저

(1) 파이어폭스(FireFox)

2004년 Mozilla에서 개발

다양한 운영체제별로 다양한 인터페이스를 보여줌

(2) 사파리(Safari)

Apple 컴퓨터에서 개발

애플의 퀵타임 멀티미디어 기술과 통합되어 있음

검색 필드로 Bing과 야후를 포함하고 있음

(3) 오페라(Opera)

노르웨이, 오슬로의 오페라 소프트웨어가 개발

스마트폰과 PDA를 위한 브라우저분야에서 'Small Screen Rendering' 기술로 선도

닌텐도 게임기인 "Wii"에 탑재

다양한 기능을 탑재하고 있음에도 프로그램이 작고 가벼우며 렌더링 속도가 빠름

(4) 크롬(Chrome)

구글(Google Inc.)에서 만듦.

오픈소스 웹브라우저

간단하고 효율적인 사용자 인터페이스와 안정성, 속도, 보안성을 제공

* 인터넷 익스플로러 의존도

2000년 이후 SSL이 로열티를 지불하지 않은 국제 표준으로 인정되어 대부분의 웹 브라우저들이 전자상거래시 이 기술을 채택하였으나 아직 우리나라는 ActiveX를 사용하고 있어 다른 나라들에 비해 상대적으로 익스플로러 의존도가 높다

* "전자 정부 웹 표준 준수 지침" 제정 - 행정안전부고시 제 20080-10호 참조.

2008년 4월 대한민국 행정안전부는 전자 정부 시스템 구축 시 반영해야 하는 최소한의 규약을 정의하여 확정 고시했다.

내용: 전자정부 웹 사이트 이용자가 특정 운영체제나 웹 브라우저에 상관없이 접속할 수 있어야 한다. 또 더 실효를 거두기 위해 기술적 제약이 없는 한 최소 3종 이상의 브라우저에서 호환성을 확보하는 것을 원칙으로 함.

4.3.5 웹 브라우저 시장 점유율 통계

웹 브라우저 시장 점유율은 국가와 시대에 따라 다르게 나타나는 특징이 있다.

인터넷 익스플로러는 대한민국이, 파이어폭스는 독일과 인도네시아, 오페라는 벨라루스, 구글 크롬은 남아메리카에서 점유율이 가장 높은것으로 나타났다.

W3 카운터의 2013년 세계시장점유율에 의하면, 인터넷익스플로러, 화이어폭스, 크롬 등이 비슷한 점유율을 보이고 있다.

표 1 W3카운터의 세계 시장 점유율

기간	IE	파이어폭스	크롬	사파리	오페라
2013년 7월	22.2%	18.5%	32.3%	14.7%	2.3%
2013년 6월	21.7%	19.5%	32.6%	15.4%	2.2%
2013년 5월	22.0%	19.2%	32.3%	14.8%	2.2%
2013년 4월	23.1%	20.7%	31.5%	15.1%	2.3%
2013년 3월	24.6%	19.3%	30.3%	16.3%	2.3%

출처: https://www.w3counter.com/

⌘ 위키백과 참조

W3카운터는 순방문자만을 측정하여 어떤 사용자가 한 사이트를 10번 방문하여도 1번으로 측정하였다. W3카운터는 약 45,000개의 웹 사이트에서 최근 15,000페이지 뷰를 특정했다.

표 2 스탯카운터의 웹브라우저 대한민국 점유율

(2013년 1월~2013년 7월)

기간	크롬	IE	사파리	파이어폭스	기타
2013년 7월	21.22%	72.76%	2.03%	2.90%	1.09%
2013년 6월	24.20%	67.58%	3.00%	3.91%	1.31%
2013년 5월	22.01%	69.90%	3.90%	2.76%	1.43%
2013년 4월	21.95%	69.24%	4.07%	3.21%	1.53%
2013년 3월	20.41%	71.50%	3.92%	2.92%	1.25%
2013년 2월	20.57%	71.12%	4.34%	2.62%	1.35%
2013년 1월	19.85%	72.19%	4.19%	2.57%	1.20%

출처: StatCounter Global Stats, http://gs.statcounter.com (전세계 탑5 데스크톱, 태블릿, 콘솔에서 사용하는 브라우저 기준)

❀ 위키백과 참조

순방문자가 아닌 조회수를 토대로 300만 개의 사이트에서 150억건 이상의 사이트 방문 횟수를 기반하였다.

2014년에서 2016년 까지의 스탯카운터의 대한민국 웹브라우저 점유율을 보면, 인터넷익스플로러가 압도적으로 높다가 2016년 초반부터 하향세를 보이고 있고 대신 크롬이 상승세를 타고 있다.

(2014년 10월~2016년10월)

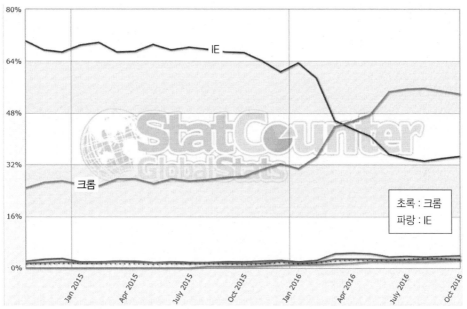

그림 5 스탯카운터의 웹브라우저 대한민국 전유율

출처: StatCounter Global Stats, http://gs.statcounter.com (전세계 탑5 데스크톱, 태블릿, 콘솔에서 사용하는 브라우저)

2014년에서 2016년 10월까지의 스탯카운터의 웹브라우저 세계점유율을 보면, 크롬이 압도적으로 50% 이상을 차지하고 있는 것으로 나타났다.

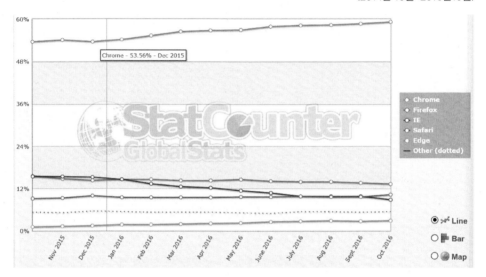

(2014년 10월~2016년10월)

그림 6 스탯카운터의 웹브라우저 세계 점유율

출처: StatCounter Global Stats, http://gs.statcounter.com (전세계 탑5 데스크톱, 태블릿, 콘솔에서 사용하는 브라우저)

4.4　이메일 서비스

4.4.1 이메일이란

컴퓨터 통신망을 이용하여 컴퓨터 사용자간에 메시지 및 소리, 동영상을 주고 받을 수 있는 통신 방법

Electronic mail의 약자로 'E-mail'이라고도 쓴다.

이메일은 인터넷이 사용되기전 PC통신을 사용할 때부터 사용되었다.

이메일 주소는 인터넷상에서만 사용할 수 있는 특수한 형태의 전자 주소로 되어 있다.

4.4.2 이메일 서비스 동작 과정

- 이메일 서비스를 제공하고 있는 메일 서버에 회원가입을 하여 아이디와 패스워드를 등록하고 이메일 주소를 할당 받는다.

- '이메일 보내기'를 하면 이메일은 먼저 송신자 메일 서버로 간다. 이때 메일 서버는 일반 우편으로 말하면 우체국과 같은 역할을 한다.

- 이메일을 받은 송신자 측 메일 서버는 이메일을 수신자 측 메일 서버로 보낸다.

- 수신자 측 메일 서버는 해당 수신인 이메일 주소로 이메일을 발송힌다.

이메일발신자　보내는 메일서버　받는 메일서버　이메일수신자
bob@naver.com　　(네이버)　　　(핫메일)　　mary@hotmail.com

그림 7 이메일 서비스 동작 과정

4.4.3 이메일 서비스의 종류

(1) 웹(Web) 메일 서비스

이메일 서비스를 제공하는 사이트에 회원으로 가입한 후 회원 아이디(ID)계정을 할당 받아 웹 브라우저에서 이용하는 이메일 서비스를 '웹메일'이라고 한다.

인터넷이 되는 어디서든 컴퓨터나 스마트기기에서 로그인만 하면 이메일을 이용할수 있다.

그림 8 네이버 웹메일 화면

(2) 이메일 전용 클라이언트 프로그램

이메일 전용 클라이언트 프로그램을 이용하는 메일 서비스로 POP3(Post Office Protocol, POP3) 방식을 사용한다.

대표적인 이메일 전용 프로그램으로는 Outlook Express(Windows XP), Windows Mail(Windows Vista), Microsoft Outlook(Microsoft Office), Mail(Mac OS X) 등이 있다.

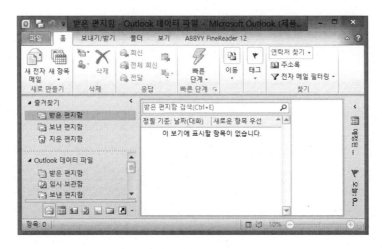

그림 9 Outlook Express레이아웃

4.4.4 이메일 주소 체계

계정이름 @ 메일 서버 주소

계정 이름은 사용하고자 하는 메일 서버에 등록한 회원의 '아이디(ID)'이고

메일 서버 주소는 회원에 가입한 메일 서버의 도메인 이름을 말한다.

- 이메일 주소의 예

> bob@naver.com(문자)
> 1234@hycu.ac.kr(숫자)
> Mary123@gmail.com (문자 + 숫자)

4.4.5 이메일 관련 프로토콜

이메일 서비스도 인터넷을 이용하는 서비스의 일종으로 메시지를 보내고 받을 때 서로 약속한 규격이 '이메일 프로토콜'이다.

(1) IMAP(Internet Messaging Access Protocol)

클라이언트가 이메일을 읽기 위한 인터넷 표준 프로토콜의 한 종류로서 TCP/IP 프로토콜보다 상위 계층에서 동작하면서 POP3보다 성능이 더 뛰어나다.

IMAP방식은 메일 서버에 메일을 저장할 수 있고 메일의 헤드만도 읽을 수 있다.

휴대전화 등에서 메일을 처리하는 방법으로 적합하다.

이메일을 다운로드하지 않고 인터넷상에서 메일을 보내고 읽고 해야 한다.

(2) SMTP(Simple Mail Transfer Protocol)

인터넷에서 이메일을 전송하는 표준 프로토콜이다.

수신자의 받는 메일 서버로 이메일을 보내는 역할을 한다.

(3) POP(Post Office Protocol, POP3)

이메일 전용 클라이언트 프로그램(Outlook Express, Microsoft Outlook 등)에서 사용한다.

메일 클라이언트가 메일을 자신의 컴퓨터로 내려 받도록 해주는 표준 프로토콜이다

일단 메시지를 내 컴퓨터로 다운로드하면 다른 컴퓨터에서는 작업할 수 없다는 단점이 있어서 이를 보완하여 메일을 다운로드했을 때 서버에 복사본을 저장하는 기능을 가지는 이메일 전용 프로그램등이 많이 사용되고 있다.

4.4.6 웹메일 서비스

웹 메일 서비스는 이메일 전용 프로그램을 사용하지 않고 웹 브라우저에서 로그인 후 사용하는 이메일 서비스를 말한다.

- 보내는이(From) : 보내는 사람 이메일 주소

- 받는이(To) : 받는 사람 이메일 주소

- 제목(Subject) : 이메일의 제목

- 참조(Cc) : 메일을 동시에 같이 받기를 원하는 사람의 이메일주소

- 숨은참조(Bcc) : 참조 메일을 보내는 것을 원초적인 상대방에게는 숨기고 보내는 메일 주소

- 납상(Re) : 받은 메일에 대한 답장으로 보내는 경우

- 전달(Fw) : 받은 메일을 다시 다른 사람에게 전달하여 보내는 경우로 파일이 첨부되어 있는 경우도 덧붙여 전송된다. 또한 받은 메일에 추가적인 내용도 첨가하여 전달할 수 있다.

- 파일첨부(Attach) : 다른 형식의 파일들을 메일에 포함시켜 보내는 경우

- 메일 다운로드 : 지정된 용량을 초과하거나 정해진 기간이 초과하면 메일이 자동 삭제
  되도록 되어 있다. 이런 경우 저장된 메일이 삭제되기 전에 미리 받은 편지를 자신의
  컴퓨터로 저장하기 위해 '다운로드' 기능을 사용한다.

- 수신확인 : 보낸 메일이 제대로 전달되고 수신자가 받은 메일을 읽었는지 확인할 수 있
  는 기능이다.

- 스팸(spam)메일 : 일방적으로 대량으로 전달되는 전자우편으로 발신자와 수신자가 아
  무런 관계가 없고 때로는 악의적인 글이나 악성코드가 같이 실려오는 경우도 있다.
  컴퓨터 통신망에서 무차별로 살포되어 원치 않는 사람이 읽거나 처리하는데 많은 시
  간과 비용을 낭비한다.

4.4.7 네이버 웹 메일 사용하기

네이버는 무료로 메일 서비스를 지원한다.

(1) 기능

- 네이버 메일 서버 계정의 메일을 주고 받을 수 있을 뿐 아니라 다른 계정에서 사용하
  는 메일도 가져다 볼 수 있는 기능이 있다(외부메일 가져오기).

- 메일함 박스를 사용자 지정으로 여러 개 추가 가능

- 스팸메일 관리

- '수신확인' 서비스도 지원하여 메일을 읽었는지 확인 가능

- 같은 이메일 서버를 사용하고 있다면 보낸메일을 다시 '발송취소하기'도 가능

(2) 외부 메일 가져오기

외부메일을 가져오려면 해당 메일계정이 pop3서버를 지원해야 한다.

네이버에서는 외부 메일 계정을 10개까지 등록할 수 있게 한다.

이때 '서버에 원본 남기기' 기능을 설정하지 않으면 해당 메일 계정에서 가져온 메일
의 원본은 삭제된다.

(3) 'POP3/SMTP 설정'

휴대전화나 아웃룩 등에서 네이버 메일을 확인할 수 있도록 POP3/SMTP을 설정한다.

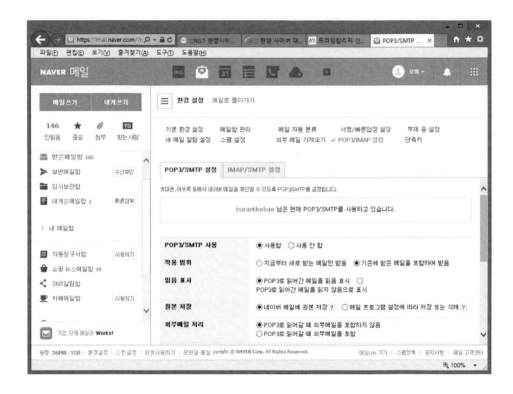

(4) 'IMAP/SMTP 설정'

스마트폰에서 네이버 메일을 쓸 수 있도록 메일을 동기화시키기 위해서는 'IMAP/SMTP 설정' 기능을 이용한다.

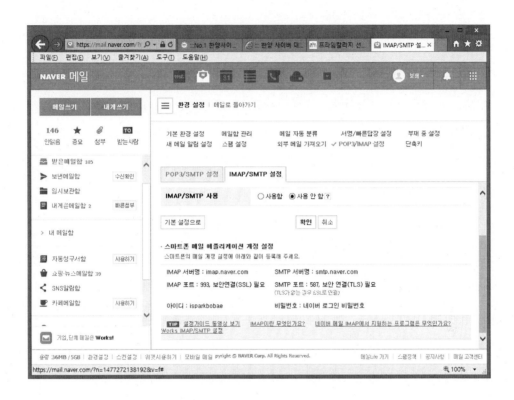

(5) 스팸메일

네이버에서는 스팸 필터링 시스템을 통한 스팸 자동 분류 기능을 설정할 수도 있고 내 주소록에 없는 메일 주소로부터 온 메일은 모두 '스팸메일함'으로 이동하거나 '수신차단'목록에 등록하여 수신을 차단할 수도 있다.

학습 정리

1. 인터넷에서 사용할 수 있는 서비스의 종류
   - 전자우편서비스, 유즈넷 서비스, FTP 서비스, 텔넷 서비스, P2P 서비스, 메신저 서비스, WWW 서비스

2. World Wide Web 서비스
   - 최초의 Web: 팀 버너스리가 제안
   - 클라이언트/서버 모델 방식
   - 하이퍼 텍스트 문서
   - Hmtl로 제작
   - HTTP를 이용하여 서버에 연결
   - 클라이언트용 웹 브라우저 필요-최초의 웹브라우저: 모자이크

3. 클라이언트/서버모델
   - 서버는 인터넷을 통해 필요한 자료나 디스크, 프린터 장치 등을 제공하고 클라이언트는 이를 이용하는 형태.
   - 서버: 클라이언트의 요청에 따라 다양한 형태로 자신의 서버 컴퓨터에 담겨진 정보들을 제공해주는 컴퓨터.
   - 클라이언트: 사용자의 입력에 따라 웹 서버에게 필요한 정보가 담긴 문서를 요청하는 컴퓨터 또는 프로그램

4. 이메일 서비스
   - 이메일 프로토콜: SMTP, POP3, IMAP
   - 이메일 전용 프로그램: 'Outlook Express(Windows XP)', 'Windows Mail (Windows Vista)', 'Microsoft Outlook(Microsoft Office)', Mail (Mac OS X) 등
   - 웹메일: 회원가입 후 로그인하여 사용

1. 인터넷 서비스 중 HTML로 제작되어 HTTP 프로토콜을 사용하는 서비스는 무엇인가?

2. 월드와이드 웹서비스에 대한 설명 중 틀린 것은?

① 클라이언트/서버모델방식이다.

② P2P 방식이다.

③ 웹브라우저를 이용하여 서버에 접속한다.

④ URL을 사용하여 웹리소스에 접속한다.

3. 다음 중 웹브라우저에 대한 설명 중 틀린 것은?

① 오페라는 프로그램이 작고 랜더링속도가 빠르다.

② 사파리는 애플사에서 개발한 것으로 검색필드로 Bing과 야후를 포함한다.

③ 모자이크는 다양한 운영체제 별로 다양한 인터페이스를 보여준다.

④ 크롬은 오픈소스 웹브라우저이다.

4. 최초로 WWW 서비스를 제안한 사람은 누구인가?

5. 이메일을 교환하기 위해 사용되는 프로토콜과 관련이 없는 것은?

① POP3   ② IMAP

③ SMTP   ④ FTP

6. 전자우편 송신 시 사용되는 프로토콜은?

① SMTP   ② POP

③ FTP   ④ IMAP

7. 아웃룩익스프레스에서 받은 메일이 들어오지 않고 있다. 그 이유에 적합하지 않은 것은?

① POP3 서버주소가 잘못되어 있다.

② SMTP 서버주소가 잘못되어 있다.

③ 이메일 계정 아이디가 잘못되어 있다.

④ 이메일 계정 패스워드가 잘못되어 있다.

8. 다음 중 이메일 사용방법에 대한 설명 중 다른 하나는?

① 인터넷이 되는 어떤 컴퓨터에서도 이메일을 보낼 수 있다.

② POP3 기능을 지원해야 한다.

③ 로그인만 하면 바로 이메일을 보낼 수 있다.

④ SMTP 설정을 하지 않아도 된다.

9. 다음 중 프로그램의 종류가 다른 하나는 무엇인가?

① Safari ② Chrome

③ Google ④ Explorer

10. 다음 중 웹브라우저에 대한 설명이 다른 하나는 무엇인가?

① 최초의 GUI(Graphic User's Interface) 방식

② 마크앤드리슨이 개발

③ 90년대 최고의 프로그램으로 인정

④ 속도가 빠르다는 장점

인터넷 익스플로러
이해와 활용

CHAPTER 5
인터넷 익스플로러 이해와 활용

학습목표

• 인터넷 익스플로러의 다양한 메뉴를 실습할 수 있다.

• 인터넷 익스플로러에서 개인정보를 보호하면서 안전하게 사용하는 방법을 익힐 수 있다.

• 즐겨찾기 추가및 가져오기/내보내기 등을 익힐 수 있다.

• 개인정보 보호를 위하여 검색 기록 삭제 및 SmartScreen 필터 사용 방법을 익힐 수 있다.

인터넷 익스플로러의 기본 기능 익히기

5.1.1 인터넷 익스플로러 11 레이아웃

인터넷 익스플로러 11의 기본 레이아웃의 기능은 다음과 같다.

① 홈

- 브라우저를 열었을 때 처음 열리는 페이지를 의미한다.

- [홈]버튼을 클릭하면 '인터넷옵션'에서 미리 지정해 놓은 페이지로 이동한다.

② 즐겨찾기 피드 및 열어본 페이지목록 : 자주 방문하는 페이지의 URL을 저장하거나 열어본 페이지 목록을 볼 수 있다.

③ 도구 : 인터넷 익스플로러의 모든 환경 설정 및 옵션 등을 설정하는 곳이다.

④ 새 탭 : 이곳을 클릭하면 기존의 열린 창에서 탭이 새로 추가된다.

⑤ 메뉴 모음 : 인터넷 익스플로러에서 할 수 있는 모든 작업을 설정하고 실행할 수 있는 곳이다.

메뉴는 제복표시줄에서 팝업메뉴를 열어 메뉴모음 자체를 숨길수도 또는 나타나게 할 수도 있다.

교재에서는 메뉴 방식을 사용하지 않고 오른쪽 상단 끝에 있는 [도구] 아이콘을 이용한다.

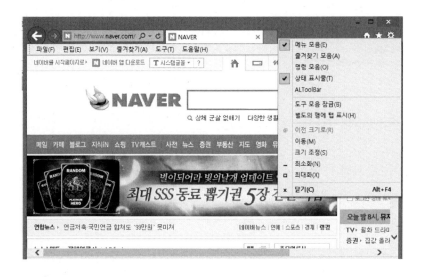

5.1.2 찾기

[도구] – [파일] – [이 페이지에서 찾기] 에서 원하는 키워드를 입력하면 찾는 문자
열에 색상이 채워진다.

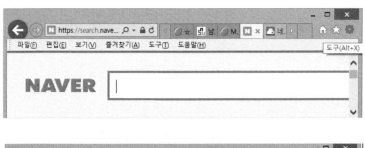

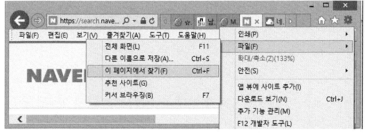

5.1.3 확대/축소 지정

[도구] – [확대/축소] 에서 웹 페이지 화면의 크기를 확대/축소할 수 있다.

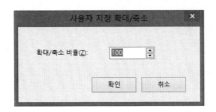

5.1.4 홈페이지 탭 설정

[도구] – [인터넷옵션] – [일반] – [홈페이지]에서 설정할 수 있다.

홈페이지로 열리기를 원하는 URL을 한 줄에 하나씩 주소를 입력하면 된다.

(1) 옵션 지정 화면

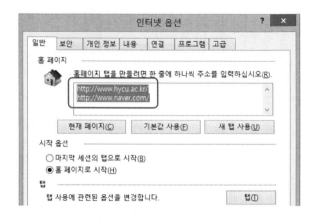

(2) 홈페이지 지정 결과화면

2개이상의 주소를 입력한 경우 2개의 탭으로 나누어서 홈페이지가 동시에 열린다.

5.1.5 즐겨찾기

(1) 즐겨찾기에 추가

자주가는 웹 페이지의 URL에 대한 정보를 '즐겨찾기'에 저장할 수 있다.

즐겨찾기 항목 이름을 바꿀 수도 있고 즐겨찾기를 원하는 폴더별로 관리할 수 도
있다.

① [즐겨찾기에 추가] – [즐겨찾기에 추가]를 클릭한다.

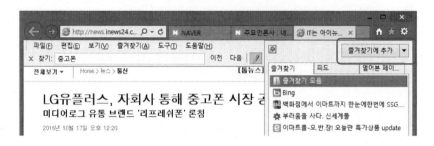

② 생성된 '즐겨찾기 추가'창에 해당 페이지의 이름과 저장하려는 폴더를 사용자가
　임의로 지정한 후[추가] 버튼을 누른다.

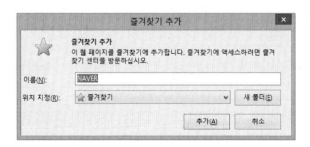

(2) 즐겨찾기 가져오기/내보내기

즐겨찾기 목록을 내 컴퓨터외의 다른 컴퓨터나 스마트기기로 이동하기 위해 가져오기/내보내기 등을 할 수 있다.

① [즐겨찾기에 추가] - [가져오기 및 내보내기]를 클릭한다.

② 즐겨찾기 목록을 '파일로 내보내기'를 선택한 후 [다음]을 클릭한다.

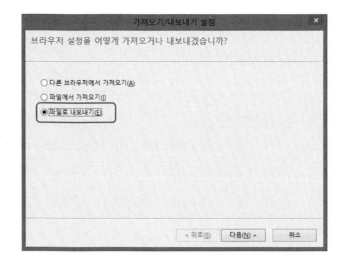

③ 무엇을 가져오시겠습니까?에 [즐겨찾기]를 선택한 후 [다음]을 클릭한다.

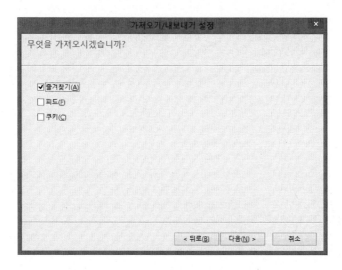

④ 즐겨찾기를 내보낼 폴더를 선택한 후 [다음]을 클릭한다.

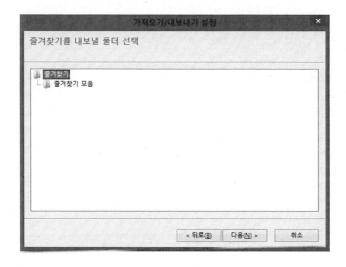

⑤ "어디로 즐겨찾기를 내보내시겠습니까?"에 폴더를 지정한 후 [내보내기]를 클릭한다.

한다.

　　지정 폴더를 변경할 경우 [찾아보기]를 클릭해서 폴더를 재지정한다.

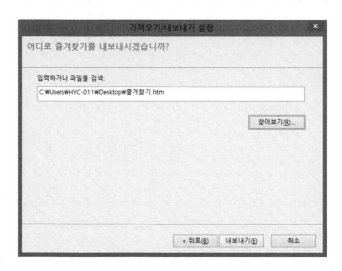

⑥ "이 설정을 성공적으로 내보냈음" 메시지를 확인한 후 [마침]을 클릭한다.

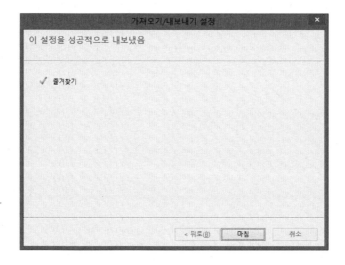

(3) 열어본 페이지 목록 보기

'날짜 순','사이트 순' 또는 '자주 열어본 사이트 순' 등으로 열어본 페이지 목록을 다시 확인할 수 있다.

5.1.6 팝업 차단하기

브라우저를 사용하면서 항상 팝업을 차단할 수 있다. 팝업이 차단된 상태에서 팝업 창을 허용하기 위한 웹 페이지의 URL 목록을 관리할 수 있다.

① [도구]-[인터넷 옵션] – [개인 정보] – [팝업 차단 사용]에서 전체 팝업 차단 설정을할 수 있다.

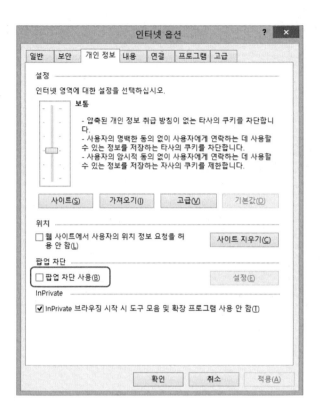

② [팝업 차단 사용]이 체크된 상태에서 특별히 팝업을 허용할 웹사이트 주소 목록을 만들 수 있다.

[도구] -[인터넷 옵션] -[개인 정보] - [팝업 차단 사용] - [설정]을 클릭한다.

'허용할 웹 사이트 주소' 줄에 팝업 창을 허용할 사이트 주소를 입력한 후 [추가] 버튼을 클릭하면 '허용된 사이트' 목록으로 저장된다.

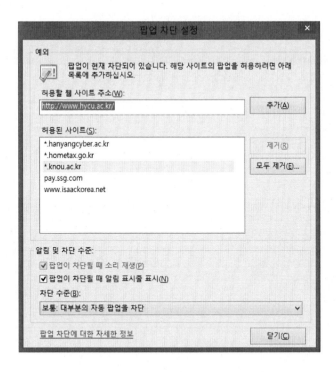

5.1.7 인쇄/페이지 설정하기

(1) 페이지 설정하기

● 웹사이트의 화면을 인쇄할 수 있다.

● 용지 크기, 가로/세로 지정, 여백 지정 등을 할 수 있다.

● 배경색 및 이미지 인쇄 등의 여부를 결정할 수 있다.

● 머리글/바닥글에 웹페이지 제목, URL, 날짜, 페이지번호 등을 직접 입력할 수 있다.

① [도구] - [인쇄] - [페이지 설정]에서 설정할 수 있다.

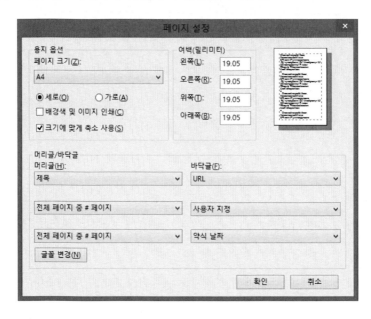

② 머리글/바닥글에 지정되어 있지 않은 내용을 '사용자지정'에서 내용을 입력할 수
도 있다.

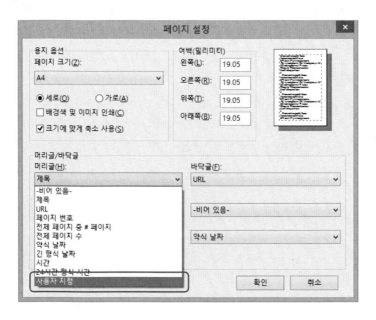

인터넷의 이해와 웹서비스의 활용

(2) 웹페이지 특정 부분만 인쇄하기

① 웹페이지의 일부분을 드래그하여 블록으로 설정한다.

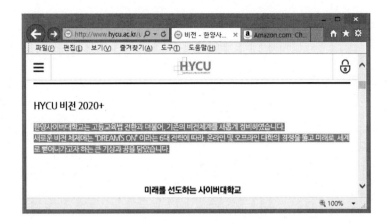

② [도구] – [인쇄 미리보기] 에서 "화면에서 선택한 대로'를 선택한 후 [인쇄하기] 버튼을 클릭한다.

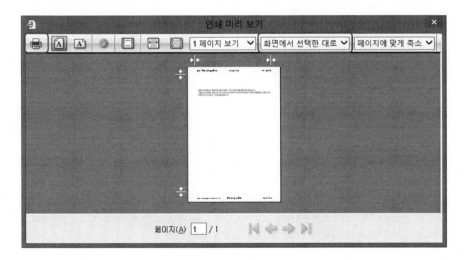

5.2 인터넷 익스플로러 안전하게 사용하기

5.2.1 검색 기록 삭제하기

(1) 검색 기록의 개요

검색 기록이란 Internet Explorer가 사용자가 방문하는 웹 사이트에 대한 정보와 사용자의 정보(사용자의 이름, 주소 및 암호)등을 컴퓨터 메모리에 파일로 저장해 놓은 것을 말한다. 이러한 정보를 메모리에 저장해 두면 웹 검색 속도가 향상되고 같은 주소나 아이디 또는 암호 등을 매번 입력하지 않아도 되므로 편리하다는 장점이 있다.

그러나 공공장소에서 웹 검색을 했거나 여러 사람이 공동으로 컴퓨터를 사용하는 경우에는 사용자의 개인정보가 해킹 당할 경우 피해를 입을 수 있는 단점이 있다.

(2) 검색 기록 유형

- 임시 인터넷 파일 : 인터넷 속도 향상을 위해서 컴퓨터에 저장한 웹 페이지, 이미지 및 미디어 등

- 쿠키 : 사용자의 설정을 위해 웹 사이트에서 사용자 컴퓨터에 저장해 놓은 로그인 정보

- 열어본 웹 사이트 기록 : 사용자가 방문한 웹 사이트의 목록

- 양식 및 암호 : 회원 가입과 같은 입력 양식에 입력한 내용 및 암호

- 다운로드 기록 : 내 컴퓨터로 다운로드한 파일 목록

(3) 검색 기록 삭제하기

[도구] –[안전] –[검색 기록 삭제]를 클릭해서 원하는 검색 기록 유형을 선택하고 "삭제"한다.

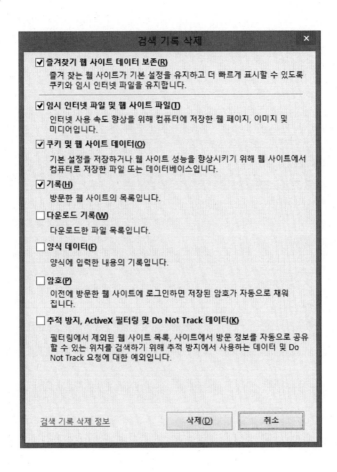

5.2.2 SmartScreen 필터

(1) SmartScreen 필터의 개요

SmartScreen 필터는 Internet Explorer에 있는 기능으로 피싱 웹 사이트를 검색하고 불법, 바이러스, 사기 또는 악의적인 행위를 하는 프로그램인 악의적 소프트웨어가 설치되지 않도록 사용자를 보호할 수 있는 기능이다.

> **TIP**
>
> **피싱(Phishing)이란**
>
> 웹 사이트에서 개인 정보나 금융 정보 등을 공개하기 쉬운 은행, 신용카드 회사, 유명 온라인 판매 업체 등의 유사 사이트를 만들고 이곳으로 유인한 후 개인정보를 빼가는 행위이다.
> 또는 이런 신뢰할 수 있는 사이트에서 보내는 공지사항인 듯 가장하여 이메일을 보내어 계좌번호나 암호 등을 입력하도록 요구한다.

(2) SmartScreen 필터 사용 방식

[도구] - [안전] - [SmartScreen 필터 *끄기*]에서 필터 사용 및 해제를 할 수 있다.

- 사용자가 웹을 검색하는 동안 작동하면서 의심스러운 웹 페이지를 분석하여 사용자에게 조언하는 메시지를 표시한다.

- 사용자가 방문하는 사이트를 매 시간 동적으로 보고되는 피싱 사이트와 악성 소프트웨어 사이트 목록과 비교하여 일치하는 것을 찾으면 안전을 위해 사이트가 차단되었다는 것을 알리는 빨간 경고를 사용자에게 표시한다.

- 다운로드한 파일을 보고된 악의적 소프트웨어 사이트 목록과 비교하여 일치하는 것을 찾으면 안전을 위해 다운로드가 차단되었다는 것을 알리는 빨간 경고를 사용자에게 표시한다.

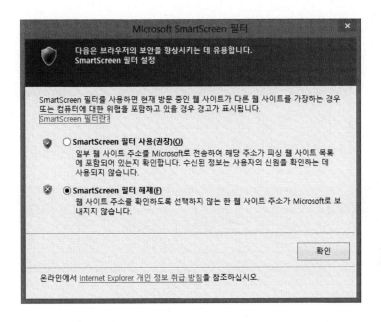

5.2.3 InPrivate 브라우징 사용하기

(1) InPrivate 브라우징의 개요

InPrivate 브라우징은 Internet Explorer에서 검색 흔적을 남기지 않고 웹을 검색할 수 있도록 하는 기능이다.

이 기능을 사용하면 사용자가 방문했거나 웹에서 조회한 내용을 알아볼 수 없게 된다.

(2) InPrivate 브라우징 시작하기

InPrivate 브라우징이 제공하는 보호 기능은 사용자가 해당 창을 사용하고 있는 동안에만 유효

해당 창에서 원하는 만큼의 탭을 열 수 있고 그 창안에서의 모든 탭은 InPrivate 브라우징 기능으로 보호된다.

다른 브라우저 창을 새로 열면 열린 창은 InPrivate 브라우징 기능으로 보호되지 않는다.

InPrivate 브라우징을 시작하려면 [도구] -[안전] - [InPrivate 브라우징]을 클릭한다.

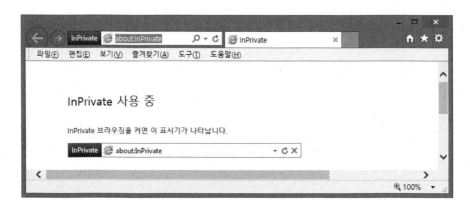

그림 10 InPrivate 브라우징 시작 화면

(3) InPrivate 브라우징 종료하기

InPrivate 브라우징 세션을 종료하려면 브라우저 창을 닫으면 된다.

InPrivate 브라우징을 사용하여 검색을 하는 동안은 Internet Explorer는 쿠키 및 임시 인터넷 정보등을 저장하여 방문하는 동안 웹 페이지가 바르게 표시되도록 한다.

사용자가 InPrivate 브라우징창을 닫게 되면 InPrivate 브라우징 세션이 끝나면서 모든 정보가 자동으로 폐기된다.

학습 정리

1. **익스플로러 기본기능 익히기**
   - 즐겨찾기 추가/편집하기
   - 원하는 키워드 찾기
   - 팝업 차단 설정하기
   - 홈페이지 설정하기
   - 인쇄/페이지 설정하기

2. **인터넷 익스플로러 안전하게 사용하기**
   - 검색 기록 삭제하기
     - 임시 인터넷 파일
     - 쿠키
     - 열어본 웹 사이트 기록
     - 양식 및 암호
     - 다운로드 기록
   - SmartScreen 필터
     - 피싱 사이트 검색
   - InPrivate 브라우징 사용하기
     - 개인정보 및 검색 기록 삭제

1. 인터넷 익스플로러의 검색기록의 유형이 아닌 것은?

① 임시인터넷파일   ② 양식및암호

③ 피드목록   ④ 쿠키

2. 인터넷 익스플로러에서 피싱 웹사이트를 검색하여 악의적 소프트웨어가 설치되지 않도록 보호할 수 있는 기능은 무엇인가?

① 피드   ② 스마트스크린필터

③ InPrivate   ④ 쿠키

3. 인터넷 익스플로러의 기능에 대한 설명 중 틀린 것은?

① [홈]버튼을 클릭했을 때 생성되는 홈페이지를 여러 개 창에 동시에 열 수 있다.

② 검색기록을 삭제할 수 있다.

③ 즐겨찾기 목록을 파일로 저장할 수 있다.

④ [인터넷옵션]에서 브라우저의 모든 환경 설정을 할 수 있다.

4. 웹 사이트의 화면을 인쇄하려고 한다. 설명이 틀린 것은?

① 용지 크기, 가로/세로 지정, 여백 지정 등을 할 수 있다.

② 배경색을 인쇄하지 않도록 설정할 수 있다.

③ 웹 사이트의 일부 텍스트만 인쇄하려면 '화면에 보이는대로'를 선택해야 한다.

④ 머리글/바닥글에 웹페이지 제목, URL, 날짜, 페이지번호 등을 직접 입력할 수 있다.

5. 인터넷 익스플로러 11[인터넷 옵션]에서 팝업 차단을 하는 방법에 대한 설명 중 틀린 것은?

① 원하는 사이트별로 팝업을 차단할 수 있다.

② 팝업을 허용할 사이트를 목록으로 만들면 이 목록에 있는 사이트는 항상 팝업이 허용된다.

③ 팝업을 차단하면 모든 웹사이트의 팝업이 차단된다.

④ 팝업이 차단된 상태에서 일부 사이트들의 팝업을 허용할 수 있다.

6. 사용자의 설정을 위해 웹 사이트에서 사용자 컴퓨터에 저장해 놓은 1KB 분량의 로그인 정보를 무엇이라 하는가?

① 양식 ② 암호

③ 필터 ④ 쿠키

7. 웹 사이트에서 개인 정보나 금융 정보 등을 공개하기 쉬운 은행, 신용카드 회사, 유명 온라인 판매 업체 등의 유사 사이트를 만들고 이곳으로 유인한 후 개인정보를 빼가는 행위이다. 이러한 행위를 무엇이라고 하는가?

8. 다음 중 개인정보보호 설정에 관한 기능으로 볼 수 없는 것은?

① 검색 기록 삭제하기 ② 호환성 보기 설정하기

③ 팝업차단하기 ④ InPrivate 브라우징사용하기

9. 다음 중 웹 브라우저에서 개인정보보호를 하기 위한 수단에 대한 설명이다. 종류가 다른 하나는 무엇인가?

① 사용자가 웹을 검색하는 동안 계속 작동한다.

② 의심스러운 웹 페이지를 분석하여 사용자에게 조언하는 메시지를 표시한다.

③ 사용자가 방문하는 사이트를 지정된 시간에 분석하여 피싱 사이트와 악성 소프트웨어 사이트 목록과 비교한다.

④ 악성 소프트웨어 사이트를 찾으면 안전을 위해 사이트가 차단되었다는 것을 알리는 빨간 경고를 사용자에게 표시한다.

10. 다음 중 InPrivate브라우징의 기능에 대한 설명이 바르지 못한 것은?

① InPrivate 브라우징이 제공하는 보호 기능은 사용자가 해당 창을 사용하고 있는 동안에만 유효하다.

② InPrivate 브라우징창에서는여러 개의 탭을 열 수 있다.

③ InPrivate 브라우징창안에서의 열린 모든 탭은 InPrivate 브라우징 기능으로 보호된다.

④ InPrivate 브라우징창안에서 여러 탭이 열려 있을 때에는 그중 한 탭만 닫아도 나머지 탭들은 InPrivate 브라우징으로 보호되지 않는다.

정답

1.	③	7.	피싱
2.	②	8.	②
3.	①	9.	③ (스마트스크린필터링은 매시간 동적으로 작동된다.)
4.	③		
5.	①	10.	④
6.	④		

CHAPTER **6**

인터넷 정보 서비스의 이해

인터넷 정보 서비스의 이해

학습목표

- 정보 검색엔진의 종류와 기술 현황에 대해 학습할 수 있다.

- 블로그, 인스턴트 메신저, SNS 등에 대해 살펴볼 수 있다.

- 인터넷에서 검색할 수 있는 다양한 콘텐츠의 종류들에 대해 학습할 수 있다.

6.1 정보검색

6.1.1 검색 엔진의 개요

(1) 검색 엔진

검색 엔진(Search Engine)이란 웹사이트에서 원하는 정보를 빠른 시간에 쉽게 찾을 수 있게 도와주는 프로그램이다.

인터넷에 올라와 있는 정보의 위치를 검색하고 저장해두었다가 사용자의 요구에 맞는 정보들을 가져다 주는 프로그램 또는 웹사이트를 말한다.

실질적인 정보 자체가 아닌 정보의 위치(URL)만을 가지고 있다.

주로 사용되는 검색 엔진으로는 Google, Nate, Daum, Naver, Zum, Baidu, Bing, Yahoo 등이 있다.

6.1.2 검색 엔진 사이트의 현황

(1) 국내 검색 서비스 현황

한국인터넷진흥원의 2015년 인터넷백서의 검색 엔진 주요 동향에 대한 발표에 따르면, 예전에는 많은 자료들을 확보하려는 규모의 경쟁을 했다면 최근의 동향은 양적인 것보다는 모바일이나 SNS, 미이크로블로그 등을 활용한 범위를 넓힌 검색 서비스를 추진하고 있다.

즉, 기존에는 인덱스된 웹 사이트와 데이터베이스의 확보를 통한 규모의 경쟁을 추구해 왔던 반면, 최근에는 모바일 활성화로 다양한 모바일 검색 기술을 도입하고 검색 적용 서비스를 실시간 마이크로블로그로 확장하는 등 범위의 경쟁을 하고 있다.

또한 국내 포털들은 새로운 기술 도입과 생활형 검색 서비스를 강화하고 검색 데이터베이스의 양적, 질적 확대를 지속적으로 추진하고 있다.

(2) 전세계 검색 서비스 분야 현황

- 모바일 검색의 급성장

- 검색 점유율 집중 현상

- SNS와 검색 서비스의 결합 강화

(3) PC기반의 국내 주요 검색 엔진 QC 점유율 현황

아래 통계자료에 의하면, 2015년도 국내 주요 검색 포털의 QC(Query Count :검색 횟수) 점유율을 보면, PC 검색 시장에서는 네이버와 다음, 구글이 각각 77.0%, 16.5%, 6.5%를 차지했다.

2014년 대비 점유율이 네이버와 구글의경우 각각 0.8%p, 2.6% 상승하고 다음의 점유율은 1.8%p 하락했다.

(단위 : %)

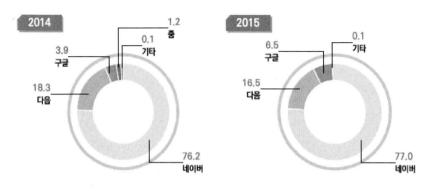

[코리안클릭, www.koreanclick.com, 2016],[인터넷백서, 2016]

(4) PC기반의 해외 주요 검색 엔진 QC 점유율 현황

2015년 PC기반의 글로벌 검색 시장에서는 구글이 66.4%의 QC 점유율을 차지하며 전년 대비 계속 1위를 차지하였으나 구글의 점유율은 2012년 이후 지속적으로 하락하고 있다.

반면, PC 기반의 글로벌 검색 시장 점유율 2위를 차지하던 바이두도 2014에 비해 감소한 12.3%에 머물렀다.

오히려 빙과 야후가 각각 3, 4위로 성장세를 보이고 있다.

(단위 : %)

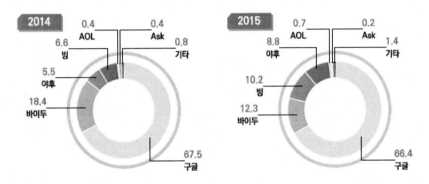

[Marketshare, marketshare.hitslink.com, 2016], [인터넷백서, 2016]

(5) 국내 모바일 웹검색 QC 점유율 현황

2015년 12월 기준으로 네이비기 국내 모바일 웹 검색 서비스 QC 점유율에 있어 2014년 대비 1.3%p 하락했음에도 불구하고 77.6%p로 압도적으로 1위를 차지했다.

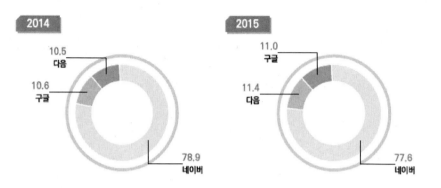

[코리안클릭, www.koreanclick.com, 2016], [인터넷백서, 2016]

(6) 모바일 기반의 해외 주요 검색 엔진 QC 점유율 현황

2015년 글로벌 검색 시장에서는 구글이 2014년 대비 0.2%p 감소한 92.5%로 나타났
는데 이런 압도적인 점유율 수치는 안드로이드 OS 기반의 스마트폰에서 구글이 기
본 검색 엔진으로 활용되고 있는 것이 큰 영향을 미쳤다 볼 수 있다.

2위는 야후가 차지했다.

(단위:%)

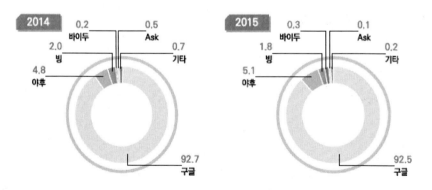

[Marketshare, marketshare.hitslink.com, 2016], [인터넷백서, 2016]

위의 자료에 대한 결과를 요약해보면 아래와 같다.

PC 기반의 경우, 국내에서는 '네이버'가, 해외의 경우 '구글'이 검색엔진 QC 점유율이 압도적으로 제일 높았다.

모바일 기반의 경우에도, 국내에서는 '네이버'가, 해외의 경우 '구글'이 웹 검색 QC 점유율이 제일 높았다.

6.1.3 정보 검색 서비스 동향

(1) 최근 정보 검색 서비스의 특징

① 최근 정보 검색 서비스의 두드러진 특징은 모바일 분야에서 음성검색, 음악검색, 위치기반검색, 코드검색과 같은 검색 편의기능에 있어서 성능이 향상되었다는 점이다.
② 모바일기기를 통한 검색의 비중이 꾸준히 늘어나면서 모바일에서 SNS와의 경쟁을 통한 개인화된 검색 서비스를 폭넓게 제공하기 시작했다.
③ '실시간 검색어'와 같은 원클릭 검색기능들이 강조되었다.

(2) 포털 사이트별 동향

최근에 검색 서비스를 주된 사업으로 하는 포털사업자들도 각기 새로운 서비스와 기술들을 내세우며 검색 서비스의 질을 높이는데 주력하고 있다.

① 네이버
모바일 이용자에게 애플리케이션을 통한 정보 제공을 위해 앱스토어 서비스를 제공하고 검색 서비스를 애플리케이션과 연동시켰다.

② 다음 카카오

검색 품질 향상을 위해 방금 들은 노래를 검색할 수 있는 '방금 그곡' 서비스와 이용자의 성향을 결과에 반영해주는 '이미지 검색 개편' 등 새로운 서비스와 툴들을 도입했다.

③ 구글

SNS를 기반으로 친구들의 글과 사진, 친분이 있는 사람, 특정 주제에 연관된 사람 등 개인화된 검색결과를 제공하고 있다.

또한, 2014년에는 온라인 쇼핑객이 사용할 수 있는 '구매(buy)' 버튼도입 계획을 밝혔다. 이는 물품의 판매나 배송 서비스를 제공하지 않고 상품의 검색 서비스만 제공하는 것으로는 온라인 고객층을 충분히 만족시킬 수 없기 때문이다.

④ 페이스북

검색엔진 개선을 통해 언론사 기사와 동영상에 대해 '좋아요' 버튼 활용 등 개인화된 검색 결과로 활용할 수 있는 콘텐츠들을 적극 활용하고 있다.

또한 2014년에 게시물 키워드 검색 도입을 발표하였다. 이는 페이스북 이용자들이 전에 봤던 게시물을 쉽게 찾아볼 수 있도록 해달라는 요구를 반영해, 과거에 올려져 있던 뉴스나 사진 등을 찾을 수 있게 해준것이다.

6.2 커뮤니케이션

최근에 가장 활발하게 이용되고 있는 커뮤니케이션 서비스로는 블로그, 인스턴트 메신저, SNS 등이 있다. 그러나 스마트폰 이용자들이 점점 증가하면서 PC 웹 기반 커뮤니케이션 서비스는 점차 감소하고 있다. 페이스북이나 트위터 등과 같은 글로벌 SNS들은 한 발 앞서서 모바일 대응을 하기 시작했다.

또한 일부 SNS 사용자들은 넘쳐나는 정보와 너무 많고 복잡한 관계 때문에 피곤해지기 시작했다.

모바일의 작은 화면으로는 넘쳐나는 사진, 동영상, 음악 등의 정보들을 제대로 볼 수 없었다.이런 불편함을 없애고 모바일에 맞는 새로운 SNS(폐쇄형 SNS, 버티컬 SNS)들이 등장하기 시작했다.

6.2.1 SNS

(1) SNS의 개요

SNS(Social Network Service)는 사회적 관계를 맺고 있는 사람들과 관심, 취미, 정보 등을 공유하기 위한 온라인 플랫폼이다. SNS에서는 기본적으로 자신의 프로필을 등록해야 하고 그외에 자신이 알고 지내는 사람들뿐만 아니라 친구의 친구로도 링크가 걸려있어 더 폭넓은 사회적 인간 관계를 형성하기가 쉽다. 대부분의 SNS는 웹 기반으로 이메일이나 인스턴트 메시징을 통해 상호 교류한다. 대표적인 온라인 SNS는 페이스북(Facebook), 마이스페이스(MySpace), 트위터(Twitter), Badoo 등 전세계적으로 많은 SNS가 서비스되고 있다.

(2) SNS의 파급 효과

SNS는 인터넷을 통해 전세계인이 함께 생각하고 관심사를 나누는 공존의 특징이 있다.

정치적으로나 경제적으로나 그리고 인종을 초월하고 국경을 넘어서 전세계에 미치는 영향이 매우 크다.

반면, 단점도 있는데 개인의 정보가 내가 알지 못하는 타인에게까지 공개되어 개인의 프라이버시가 침해 당하기 쉽다. 또한, 공개된 개인정보들이 제3자에게 수집되어 악의적으로 사용될 수 있다.

현대인들, 특히 젊은 층에서는 사람과의 의사소통의 많은 부분이 SNS에서 이루어지고 있어 실제 사람들과의 의사소통은 소홀히 될 수 있다.

(3) SNS의 이용 현황

2015년 주요 SNS의 서비스별 이용률 순위를 보면, 카카오스토리가 45.7%, 페이스북이 30.0%, 트위터가 10.8%등의 순으로 나타났다.

2014년에 비해서는 페이스북과 네이버밴드가 각각 1.6%, 1.8%씩 증가했다.

트위터는 최근 동영상 서비스 바인(Vine)을 인수하고 TV 광고와 연계하는 등 SNS에서 소셜미디어 역할을 더 강화하였다.모바일에 최적화된 페이스북도 대표적인 SNS로 자리 잡았다.

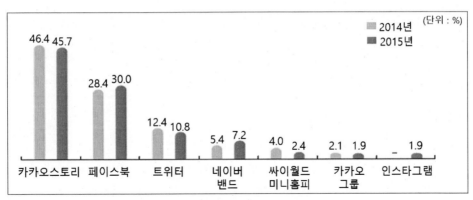

(단위 : %)
■ 2014년
■ 2015년

*SNS 이용률은 SNS를 이용한다고 응답한 응답자의 비율임

그림 1 SNS 이용자의 하루 평균 이용률

출처: 정보통신정책연구원, SNS이용추이 및 이용행태 분석, 2016

(4) 폐쇄형 SNS

SNS에서 '너무 많은 무분별한 정보'로 인한 피로도와 개인정보 유출 문제를 해결하기 위해 '폐쇄형 SNS'가 등장했다.이 서비스는 자신의 글을 모두에게 공개하지 않고 자신이 선택한 사람에게만 공유하도록 하는것이다.

예: 밴드, 카카오그룹

(5) 버티컬 SNS

SNS에서 '너무 많은 정보'때문에 발생하는 문제를 해결하기 위한 서비스가 '버티컬 SNS'이다.

즉, 한 분야의 정보만 다루는 것이다(예: 사진으로만 감정을 표현하는 카카오스토리, 인스타그램 등).

10, 20대는 페이스북을 중심으로 '개방형 SNS'를 주로 이용하는 경향이 있고, 40, 50대는 카카오스토리, 네이버 밴드를 중심으로 '폐쇄형 SNS'를 이용하는 경향이 있다.

(6) SNS 향후 전망

전 세계적으로 모바일 서비스가 커뮤니케이션 서비스를 주도하고 있으며 앞으로 이용자들의 새로운 트렌드와 신기술을 결합한 서비스가 개발될 것이다.

한국인터넷진흥원의 '인터넷백서'에 SNS 서비스에 대한 최근의 경향을 요약한 내용을 보면 다음과 같다.

> "모니터 앞에 앉아 키보드로 일상을 기록하고 공유했던 PC는 그 위상을 모바일에게 내주었다. 그 이유는 모바일의 특징인 개인성, 이동성, 즉시성이 인간의 욕구와 맞아떨어졌기 때문이다.
> 많은 SNS 서비스들이 "모바일 퍼스트"에서 "모바일 온리" 시대를 앞당길 것이다.
> 라인, 위챗, 카카오 같은 인스턴트 메시지 서비스가 게임, 전자상거래, 금융과 같은 온,오프라인과의 연계를 통해 새로운 비즈니스 모델을 개척할 것이다."(인터넷백서, 2015)

6.2.2 블로그

블로그란 웹(Web)과 로그(log)의 합성어인 웹로그(Weblog)의 줄임말로서 인터넷에 자신의 관심사에 대한 내용을 올리는 개방형 개인 커뮤니티 사이트를 지칭한다.

1999년 피터 메어홀츠(Peter Merholz)라는 사람이 처음으로"We blog"라는 말을 사용했고 후에 '블로그'로 변하였다.

새로운 글이 가장 위로 올라오는 일지 형식으로 일반 커뮤니티 게시판과는 다르게 콘텐츠 중심으로 구성되어 있어 더 많은 커뮤니티 기능이 가능하다.

(1) 오픈소스 블로그

오픈소스 블로그란 블로그 소프트웨어를 자신의 웹 계정에 설치해 사용하는 블로그를 말한다.

국내에서 가장 많이 사용하는 오픈 소스 블로그는 "텍스트큐브"이다.

- 장점 : 모든 면에서 편집이 자유롭다.

- 단점 : 특별한 설치 과정이 필요하고 도메인, 호스팅이 필요하다.

(2) 특징

- 블로그 주소의 자유 : "www.자신의 아이디.com"

- 디자인의 자유 : 정해진 프레임(레이아웃)을 사용하지 않고 본인이 직접 디자인할 수 있다.

- 콘텐츠의 자유 : 특정 서비스에 가입하지 않아 지켜야 할 약관이 없어 설치할 콘텐츠에 제약이 없다.

- 콘텐츠 백업 : 블로그에 올려놓은 모든 자료를 한꺼번에 내컴퓨터로 내려 받을 수 있다.

(3) 가입형 블로그

포털사이트에서 제공하고 있는 블로그 서비스를 의미하는 것으로 블로그를 서비스하는 사이트에 회원가입하게 되면 별도의 블로그 신청을 하지 않아도 자신의 블로그 페이지가 생성된다.

가입한 서비스 주소 체계에 따르는 주소를 사용한다. – "blog.서비스주소.com/자신의 아이디"

- 장점

  - HTML이나 CSS 등을 잘 몰라도 쉽게 블로그를 시작할 수 있다.
  - 블로그 레이아웃이나 스킨 디자인도 선택만 하면 되어 제작이 쉽다.

- 단점

  - 블로그 사용 용량에 제한이 있다.
  - 블로그에 올려놓은 정보들을 백업할 수 없다.

6.2.3 마이크로블로그

(1) 개요

미니블로그(miniblog)라고도 불리는 블로그 서비스의 일종이다.

마이크로블로그는 150자 내외의 단문메시지로 자신의 생각이나 주요 이슈들을 공유하는 블로그이다.

마이스페이스나 페이스북 등과 같은 '프로필 기반 서비스'가 1세대 SNS라면, 마이크로블로그는 2세대 SNS라고 할 수 있다. (인터넷백서, 2016)

- 프로필 기반 서비스 : 프로필 기반 서비스란 나이 또는 연령 등 개인정보외에 사진, 동영상 등이 메인페이지에 '프로필'로 공개되고 이를 기반으로 인맥 형성을 하여 정보를 공유하는 방식이다.

(2) 마이크로블로그의 특징

마이크로블로그는 블로그, 미니홈피와 메신저의 장점을 모아 놓은 서비스라 할 수 있다.

블로그나 미니홈피 등은 업로드하는데 시간이 많이 소요되는 반면, 마이크로블로그는 짧은 텍스트로 쓰기와 읽기에 대한 부담이 없다는 장점이 있다. 모바일 기기와 연동하여 수시로 메시지를 작성하고 업로드한다. 대표적인 마이크로블로그로 트위터가 있다.

최근 포털사이트는 물론 방송사, 신문사, 통신사, 쇼핑몰까지도 마이크로블로그나 프로필 기반 서비스를 연동하여 정부, 공공기관뿐만 아니라 정치인, 연예인 등이 마케팅이나 홍보수단으로 이용하면서 SNS의 인기는 폭발적으로 증가하고 있다.

(3) 트위터

140자 이내 단문메시지를 즉각적으로 전송하면서 실시간 의사소통이 가능하다.

상대방의 허락 없이 일방적인 팔로우 신청으로 인맥관계를 형성하기 때문에 모르는 사람과의 관계 형성이 쉽다. 따라서 개인사보다는 사회적 이슈와 공감대 형성을 위한 의견을 도모한다.

자신을 팔로어(follower)로 등록한 불특정 다수에게 일괄적으로 메시지를 전달하고 댓글을 바로 확인할 수 있다.

트위터는 이용자가 팔로우한 작성자의 메시지를 전달받고 수정하여 다시 팔로어들에게 리트윗(retweet)할 수 있다.

6.3 콘텐츠

6.3.1 e-러닝

(1) e-러닝의 개요

이러닝(e-Learning)은 정보통신 기술(CD-ROM, 인트라넷,인터넷)을 이용하여 시간과 장소에 구애 받지 않고 학습이 가능한 교육 활동을 의미한다.

우리나라는 2004년부터 "e-러닝산업발전법"을 제정하여 초, 중, 고, 대학 및 평생교육분야 뿐만 아니라 행정안전부의 공무원들을 위한 사이버교육, 노동부의 직업 훈련 분야 등에서 e-러닝산업 육성에 노력하고 있다.

(2) e-러닝의 특징

- 비대면 학습 방식 : 수업을 받기 위해 직접 교실에 참가하지 않는 반면 실습 수업은 할 수 없다.

- 자기주도적 학습 : 정해진 시간에 수업을 받는 것이 아니라 자기가 원하는 시간에 학습한다.

- 개인화된 맞춤형 교육 : 일률적인 강의를 공동으로 학습하지 않고 학습자가 원하고 필요한 수업만을 선택해서 학습할 수 있다.

(3) e-러닝 산업 현황

최근 IT 기술의 발달과 웹 서비스의 발달로 e-러닝은 시스템 효율성과 콘텐츠의 질을 높이는 방향으로 그 패러다임이 변화하고 있다.

학습자 중심, 다자 간 커뮤니티 활동, 멘토, 풀(pull)형 콘텐츠 제공 등의 특성이 두드러지고 있다

최근 스마트폰, 태블릿PC 등의 보급과 함께 학습기기가 PC위주에서 스마트폰, 태블릿PC 등 개인기기로 확장되면서 시간, 장소에 제약없는 개별화, 맞춤화된 스마트러닝이 활성화되고 있다.

국내 이러닝 산업 발전 및 활성화 기본 계획을 살펴보면 다음과 같다.

- 제1차 이러닝 산업 발전 및 활성화 기본 계획- 2006 ~ 2010

  - 이러닝 경쟁력 강화, 수요 창출

- 제2차 이러닝 산업 발전 및 활성화 기본 계획- 2011 ~ 2015

  - 이러닝 관련 기술 개발

  - 인재 양성

  - 해외 진출 확대 지원

  - 사이버대학 경쟁력 강화를 위한NCS(국가직무능력표준)기반 교육과정 개편 지원

  - 대학 이러닝 강좌 학점 교류및 강의공개 활성화

(4) e-러닝 관련 기술

- 가상현실(Virtual Reality) : 애니메이션이나 칠판 동영상, 다양한 교수 설계 기법으로 현장감을 살리는 수업 방식에 활용한다.최근 '증강현실' 기술이 더해서 물리적 현실공간에 컴퓨터 기술로 가상의 객체, 소리, 동영상과 같은 멀티미디어 요소를 증강시켜 학습자에게 현실감, 몰입감을 증가시켜 학습효과를 높인다.

- 시뮬레이션 기반 콘텐츠 : 자동차, 비행기 조종 훈련 등 실제 상황에서는 구현하기 어려운 부분을 가상적으로 수행시키거나 결과를 예측하는 기술로 현장 실습이 필요한 경우 모의 실험 기법을 활용한다.최근에는 인체추적, 영상합성, 제스처인식 등의 기술이 개발되고 있다.

최근에는 스마트폰, 태블릿 PC,3DTV 등 스마트기기 확산과 함께 소셜'러닝'이 활성화되고 가상현실(AV: Augmented Virtuality) 등 신기술을 스마트기기에 적용하는 기술이 개발되고 있다.

👤 TIP

혼합현실기술

AV 기술이나 AR 기술등을 이용해 가상과 현실이 3차원으로 실시간으로 정확하게 정합이 이루어지는 기술을 말한다.

- AV(Augmented Virtuality, 가상현실): 가상 환경을 기반으로 실제 오브젝트를 합성하여 가상환경의 현실감을 향상시키는 것
- AR(Augmented Reality, 증강현실): 실제환경에 가상 오브젝트를 합성하여 실제 환경에 대한 현실감을 향상시키는 것
  예) 포켓몬go

6.3.2 영상/웹드라마

콘텐츠 산업 가운데 최근에 가장 크게 변화한 분야가 국내 방송 산업이다.

IPTV(Internet Protocol TV) 가입자 수의 증가와 VOD(Video On Demand)에 대한 수요 증가로 가장 확실한 디지털 방송 콘텐츠 플랫폼으로 자리매김하게 되었다.

(1) 온라인 동영상의 주요 동향

✿ 인터넷 동영상 확산

인터넷 동영상 서비스는 웹의 개방화, 디지털카메라의 발달, 네트워크 환경발달 등에 힘입어 다양한 UCC(사용자 제작 콘텐츠: User Created Contents)가 만들어지고 있다.

국내에서는 2006년다음 커뮤니케이션의 '다음 tv팟' 오픈을 시작으로, 국제적으로는 구글이 유튜브(Youtube)를 인수하면서 인터넷 동영상 서비스가 본격적으로 확산되기 시작했다.

✿ 방송과 통신의 융합

최근 방송과 통신의 융합으로 스마트폰을 통한 콘텐츠 소비가 증가하였고 실시간 방송이 아닌 소비자가 필요한 시간에 필요한 콘텐츠를 소비하는 형태로 확산되고 있다.

✿ 클라우드 서비스를 이용한 동영상 서비스

클라우드 서비스를 이용하여 개인 콘텐츠를 저장하여 언제 어디서든 이용할 수 있게 하는 동영상 서비스도 주목할 만하다.

✿ 모바일 사용의 증가

무선인터넷 기술 개발에 의한 서비스 품질 향상에 따라 모바일 동영상 사용패턴은 지속적으로 증가할 것으로 예상된다.

모바일기기의 'QR코드'를 이용한 동영상 광고, 'LBS(위치기반서비스: Location Based Service)'를 이용한 지역 광고를 통한 모바일 맵 등도 주목할 만하다.

6.3.3 음악

음악을 이용하는 방식이 예전의 오프라인 음반에서 디지털 음원으로 바뀌고 있다.또한 디지털 음원은 다운로드방식에서 스트리밍 방식으로 이용 방식이 변화하고 있다.스트리밍 서비스 선호는 모바일 이용 증가, 클라우드 저장 기술 발달, 빅데이터 가공 기술의 발달 등 여러 요인들이 결합한 결과이다.스트리밍은 다운로드방식에 비해 결제가 편리하고 '무제한' 서비스를 이용할 수 있다는 장점이 있기 때문이다.

2015년 국내 주요 음원 서비스 이용 현황을 보면, 멜론을 가장 많이 이용하고 있음을 볼 수 있다.

국제적으로는 스포티파이, 애플의 애플 뮤직, 구글의 구글플레이 뮤직, 유튜브 뮤직 등 음원 서비스 업체들이 스트리밍 서비스에 집중하고 있다.

국내 주요 음원 서비스 이용현황을 보면 아래와 같다.

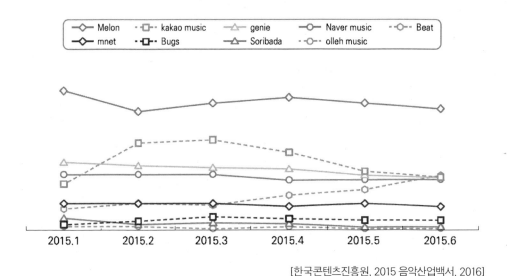

[한국콘텐츠진흥원, 2015 음악산업백서, 2016]

그림 2 국내 주요 음원 서비스 이용현황 추이(안드로이드 기반, 2015년 1월~6월)

1. 검색 엔진
   - 모바일 검색의 급성장
   - 검색 점유율 집중 현상
   - SNS와 검색 서비스의 결합 강화

2. SNS의 파급 효과
   - 전세계인이 함께 생각하고 관심사를 나누는 공존의 특징이 있다.
   - 개인의 정보가 공개되어 개인의 프라이버시가 침해 당하기 쉽다.
   - 공개된 개인의 정보들이 제3자에게 수집되어 악의적으로 사용될 수 있다.
   - 실제 사람들과의 의사소통은 소홀히 될 수 있다.

3. 버티컬 SNS
   - '너무 많은 정보'로 인한 피로도를 줄여주기 위함
     예: 카카오스토리, 인스타그램

4. 폐쇄형 SNS
   - '너무 많은 관계'로 인한 혼란을 줄여주기 위함
     예: 밴드, 카카오그룹

5. 블로그

	오픈 소스 블로그	가입형 블로그
도메인, 호스팅	반드시 필요하다.	필요하지 않다.
정보 백업	한번에 백업할 수 있다.	백업이 불가능하다.
디자인	자유롭게 한다.	주어진 것들 중 선택한다.
블로그 주소	"www.자신의 아이디.com"	"blog.서비스주소.com/자신의 아이디"

6. 마이크로블로그
   - 짧은 텍스트를 이용하여 단편적 정보를 실시간으로 전달하는 새로운 통신 방식
   - 최근 마케팅이나 홍보수단으로 활용되고 있다.
   - 대표적인 마이크로블로그로는 트위터, Naver의 미투데이, 다음(Daum)의 요즘, 네이트의 커넥트, SK텔레콤의 토씨 등이 있다.

7. 콘텐츠
   - e러닝
     - 학습자 중심, 다자 간 커뮤니티 활동, 멘토, 풀(pull)형 콘텐츠 제공 등의 특성
     - 혼합현실기술, 증강현실기법
   - 영상/웹드라마
     - 스마트 기기의 다양화, 클라우딩 서비스, QR코드를 활용한 동영상 광고, 위치기반서비스를 활용한 지역광고 서비스
     - 클라우드 서비스를 활용하여 언제 어디서나 이용 가능
     - 무선 인터넷 기술 개발로 인한 모바일 동영상 사용 패턴의 지속
     - QR코드, LBS(위치기반서비스)를 이용한 광고 개발
   - 음악
     - 오프라인 음반 〉 디지털 음원 〉 다운로드 방식 〉 스트리밍

EXERCISE

1. e-러닝에 대한 설명 중 틀린것은?

   ① 비대면 학습방식

   ② 인적자원의 질적향상

   ③ 지역간 계층간 지식격차 확대

   ④ 공교육의 보완적 역할

2. e-러닝의 세 가지 기술에 대해 나열하시오.

3. e-러닝의 새로운 패러다임이 아닌 것은?

   ① 멘토

   ② 풀(pull)형 콘텐츠

   ③ 교육자중심

   ④ 다자간 커뮤니티 활동

4. 다음 중 블로그에 대한 설명 중 틀린 것은?

   ① 일지형식으로 되어 있다.

   ② 폐쇄형 개인커뮤니티사이트를 지칭한다.

   ③ 웹과 로그의 합성어인 웹로그의 줄임말이다.

   ④ 콘텐츠중심의 사이버커뮤니티이다.

5. 다음 중 블로그에 대한 설명 중 그 종류가 다른 하나는?

   ① 특별한 소프트웨어 설치과정이 필요하다.

   ② 도메인과 호스팅이 필요하다.

   ③ 블로그에 올려놓은 정보들을 백업할 수 없다.

   ④ www.자신의 아이디.com이 자신의 블로그 주소가 된다.

6. 마이크로블로그가 블로그와 다른 점이 아닌 것은 무엇인가?

① 업로드시간이 짧다.

② 모바일기기를 사용한다.

③ 단편적 정보를 실시간 전달하는 형식이다.

④ 웹상에서 지인들과의 인간관계를 형성할 수 있다.

7. 대표적인 온라인 소셜 네트워크서비스(SNS) 세 가지를 나열하시오.

8. 다음 SNS에 대한 설명 중 종류가 다른 하나는 무엇인가?

① 무분별한 정보로 인한 피로도 문제를 해결하기 위해 등장했다.

② 자신의 글을 모두에게 공개하지 않는다.

③ 카카오스토리, 인스타그램 등이 한 예이다.

④ 개인정보 유출을 우려하여 등장했다.

9. 시뮬레이션 기반 콘텐츠에 대한 설명이 틀린 것은 무엇인가?

① 자동차, 비행기 조종 훈련 등 실제 상황에서는 구현하기 어려운 부분에 적용

② 직접 실험 기법을 활용

③ 인체추적, 영상합성, 제스처인식 등의 기술이 개발

④ 가상현실(AV: Augmented Virtuality) 등 신기술을 스마트기기에 적용하는 기술이 개발

10. 온라인 컨텐츠의 최근 동향에 대한 설명 중 다른 하나는 무엇인가?

① 음악은 다운로드 방식보다는 스트리밍 방식을 더 선호한다.

② 디지털 음원이 일반화 돼있다.

③ 클라우드 서비스를 활용하여 언제 어디서나 동영상 이용이 가능하다.

④ 모바일 동영상 사용패턴은 지속적으로 감소하고 있다.

정답

1. ③

2. 가상현실, 시뮬레이션 기반 콘텐츠, 프로젝트 수행 콘텐츠

3. ③

4. ②

5. ③

6. ④

7. 페이스북(Facebook), 마이 스페이스(MySpace), 트위터(Twitter) Badoo, Cyworld

8. ③ (3은 버티컬SNS에 대한 예이다)

9. ② (모의 실험을 활용)

10. ④ (모바일 동영상 사용 패턴이 지속적으로 증가하고 있다.)

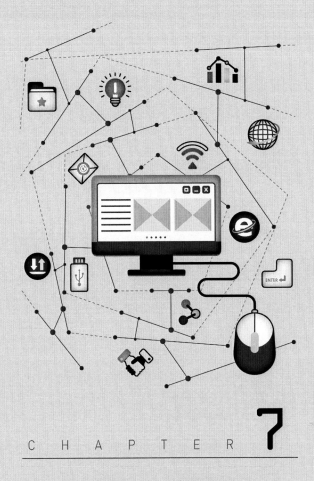

C H A P T E R **7**

인터넷과 비즈니스

인터넷과 비즈니스

학습목표

- 다양한 인터넷 비즈니스의 유형 및 특징에 대해 학습할 수 있다.
- 전자상거래의 특징과 거래 동향에 대해 살펴볼 수 있다.
- 공유경제의 이점과 폐단에 대해서 이해할 수 있다.
- 전자정부 서비스의 종류와 역할에 대해 학습할 수 있다

7.1.1 인터넷 산업 분류

국내 인터넷 산업은 세계 최고 수준의 초고속 인터넷 보급률 및 이용률에 기세를 타고 지속적으로 성장하고 있다.

한국정보통신진흥협회에 따르면, 인터넷 산업은 기반산업, 지원산업, 활용산업으로 분류된다.

기반산업은 개인과 기업들이 인터넷 산업을 할수 있는 기반을 구성하는 산업이고, 지원산업은 전기통신설비를 운영하면서 다른 산업을 지원하는 통신산업이며, 활용산업은 인터넷을 통해 실제로 서비스를 제공하는 산업이다.

한국인터넷진흥원의 인터넷 산업 분류표를 보면 다음과 같다.

표 1 인터넷 산업의 분류

대분류	중분류	소분류
기반산업	인터넷 단말기	스마트폰, DTV, 컴퓨터
	네트워크장비	라우터, 스위치, 허브, 모뎀, 랜장비
지원산업	시스템 소프트웨어	IT운영관리 소프트웨어, 미들웨어 소프트웨어
	IT시스템 관리 및 지원	호스팅서비스
활용산업	유무선 접속 서비스	초고속망 서비스, 무선LAN, VoIP, 휴대인터넷(Wibro)
	응용서비스	온라인예약, 전자지불, 인터넷전자상거래
	콘텐츠 제공서비스	인터넷방송, 온라인게임, 디지털출판물, 인터넷광고

[한국인터넷진흥원, 2015 인터넷백서, 223p]

7.1.2 한국정보통신진흥협회의 ICT 실태조사

한국정보통신진흥협회의 ICT 실태조사를 보면, 2013년에 전체 인터넷 산업 매출액 중 반을 차지하는 기반산업이 2013년 대비 2014년에는 0.9% 감소한 반면, 지원산업은 2015년 추정치로 17.3% 증가하였고 활용산업도 2015년 추정치로 37.1% 증가하였다.

표 2 국내 인터넷 산업 매출액

(단위: 십억 원, %)

구분	2013년	2014년	2015년	2013년 대비 증가율
기반산업	47,664(51.6)	47,608(49.4)	43,567(45.6)	▽0.9
지원산업	13,182(14.3)	15,568(16.1)	16,492(17.3)	10.5
활용산업	31,507(34.1)	33,280(34.5)	35,456(37.1)	5.6
합계	92,353	96,456	95,515	3.0

출처: 한국정보통신진흥협회, ICT실태조사 및 ICT주요품목동향조사, 2014(재구성)

인터넷의 이해와 웹서비스의 활용

7.2 전자상거래

7.2.1 e-비즈니스

e-비즈니스란 인터넷 관련 기술을 비즈니스에 접목시킨 비즈니스의 한 유형을 일컫는다. 경제 주체인 고객과 기업 그리고 정부 등이 인터넷을 통해 전자적으로 연결되어 재화를 사고 팔거나 서비스를 제공하며 비즈니스 파트너와 협력 등의 일체의 비즈니스를 의미한다. 1997년 IBM에서 최초로 'e-비즈니스'라는 용어를 사용하였다.

7.2.2 전자상거래

전자상거래(EC: Electronic-Commerce)란 개인, 기업, 정부 등의 경제주체간에 인터넷을 이용하여 상품 및 서비스를 교환하는 상거래를 의미한다.

전자상거래는 e-비즈니스 용어와 종종 맞바꾸어 사용하기도 하지만 'e-비즈니스'가 좀더 넓은 의미로 사용되고 있다. 전자상거래는 인터넷 관련 기술의 발달과 인터넷의 생활화로 종류도 다양해지고 그 중요성이 더욱 커졌다.

7.2.3 전자상거래의 유형

(1) 거래주체별 유형

- B2C (Business to Consumer) : 기업과 소비자간 전자상거래

- G2C (Government to Consumer) : 정부와 소비자간 전자상거래

- B2G (Business to Government) : 기업과 정부간 전자상거래

- C2C (Consumer to Consumer) : 소비자간 전자상거래

- B2B (Business to Business) : 기업간 전자상거래

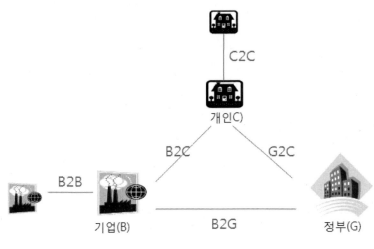

그림 1 거래 주체별 전자상거래모델 유형

7.2.4 전자상거래의 특징

(1) 기업의 효율성 향상

온라인으로 거래를 하면 중간 유통과정이 많이 줄어 들고 기업의 입장에서는 비용절감 효과를 얻을 수 있다. 온라인 거래 시 오프라인 매장이 필요 없고 더불어 매장 관리 직원도 필요 없다. 유통과 매장 관리 비용 절감으로 재화 및 서비스의 가격 하락을 유도하여 더 많은 상품을 판매할 수 있는 기회가 생긴다.

(2) 소비자 가격 만족

기업의 비용 절감으로 인한 온라인 판매 가격 하락은 소비자들에게 구입가격 하락으로 인한 만족 효과를 누리게 한다.

(3) 시간, 공간의 자유

오프라인 매장은 매장 업무 시간과 특정 지역 판매라는 공간의 제약이 있었으나 온라인 판매는 시간, 공간에 대해 자유롭고 편리하게 온라인 매장을 이용할 수 있다.더불어 시공간의 자유는 기업의 국제화에도 상당한 기여를 한다.

(4) 소비자의 수요에 즉각적 대응

대부분의 온라인 매장은 회원제로 운영되고 있고 이로 인해 기업은 고객 정보 획득이 쉬워지고 더불어 소비자를 대상으로 좀더 나은 맞춤 고객 서비스나 마케팅을 할 수 있다.

(5) 저렴한 창업 자본

기존의 오프라인 기업에 비해 창업 시 매장이나 직원 고용에 대한 부담이 없어 소자본으로 창업을 할 수 있다.

7.2.5 전자상거래의 주요 동향

① 기업 간 전자상거래의 의미와 역할이 상대적으로 축소되었다.
② B2C, C2C 전자상거래 등 온라인 쇼핑 시장이 급성장 : 기존 소매유통시장이 주춤한 가운데 국내 온라인 쇼핑 시장은 모바일을 중심으로 높은 성장을 유지하고 있다.
③ 국경 간 전자상거래가 급증 : 인터넷 속도가 빨라지고 물류 서비스가 발전히면시 해외 직구, 역직구가 늘어나고 있다.
④ 모바일 쇼핑의 급증 : 스마트폰의 대중화에 힘입어 2015년에 전체 온라인 쇼핑 중 모바일 쇼핑은 45%에 달할 정도이다.

⑤ 온라인 쇼핑 총 거래액은 지속적으로 증가하고 있으나 성장률은 감소하는 성숙기에 진입했다고 볼 수 있다.

⑥ 2014년에는 중국 인터넷 기업들이 큰 성장세를 보여주었다.

중국의 온라인 커머스 업체 알리바바는 뉴욕증권거래소에 상장하자마자 시가총액 250조원을 달성하여 세계 2위 인터넷 기업으로 자리매김했다.

중국판 애플로 불리는 '샤오미'는 2014년 3분기 전 세계 스마트폰 시장점유율 3위에 올랐다.

7.2.6 B2C 인터넷쇼핑 거래 품목 동향

인터넷 쇼핑의 주된 구매 품목으로는 '의류, 신발, 스포츠용품, 액세서리가 86.7%로 가장 높았다.

다음으로 '도서, 잡지, 신문'이 46.5% '영화, 문화공연'이 43.0% 순이었다.

(단위:%)

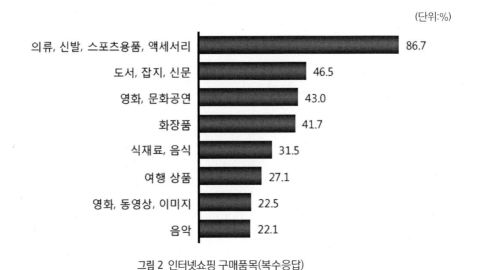

그림 2 인터넷쇼핑 구매품목(복수응답)

출처: 한국인터넷진흥원, 2015 인터넷이용실태조사 최종보고서

7.3　공유경제

공유경제란 하나의 상품을 여러 사람이 공유해서 이용하는 일명 '협업소비'를 토대로 이루어진 경제활동을 뜻하는 말이다.

공유경제의 큰 의미는 재화를 '소유'하는 것이 아니라 '이용', '소비'할 때 더 가치가 있다고 보는 점이다.

공유경제를 B2C모델과 P2P모델로 구분해 볼 수 있다. (양희동, 공유경제 비즈니스 모델과 향후 전망, 2014)

(1) B2C 모델

사업자 자신이 소유한 자산을 다른 사람과 공유하는 방식으로 기존의 렌털 서비스와 비슷하다.

- Zipcar(집카) : 단기간 차량대여 서비스, 회원가입부터 사용, 반납, 결제를 모두 인터넷으로 한다.

- Green Car(그린카) : 필요한 시간 만큼 전국 700여 개의 차고지에서 차량 대여 가능, 스마트폰으로 차량 문을 열고 사용한 시간과 연료만큼 자동으로 결제됨.
  - Zipcar를 모방한 국내 최초의 카 공유사업

- 어린이용 장난감 및 의류 대여점

- 스포츠 용품 렌털점

- 관광지에서 잠시 빌려 쓰는 렌터카

(2) P2P 모델

상품을 소유한 사람과 이용자를 연결시켜 주는 플랫폼 서비스를 제공하는 방식

- Getaround(겟어라운드) : 차량 소유주와 이용자가 일정기간동안 차량을 대여하고 이용할 수 있도록 연결해 주는 서비스, 자동차를 사용하지 않을 때 다른 사람에게 차를 빌려준다.

- Airbnb(에어비앤비) : 현지인의 주거공간을 공유하는 서비스

- Kozaza(코자자) : 한옥 스테이를 원하는 외국인들과 한옥의 빈방을 가진 호스트를 매칭시켜주는 한국형 숙박공유 플랫폼, 처음에는 한옥에 주력하다 한옥에서 민박, 아파트, 펜션 등 다양한 형태의 숙박시설이 이용되고 있다.

(3) 공유경제의 문제점

불필요한 소비를 줄이고 합리적인 소비를 권장한다는 장점은 있으나 기존 업계와 이해 충돌이 생기고 세금, 수수료 등의 문제로 분쟁이 적지 않다. 기존의 법질서나 경제질서에 위반하는 사례도 적지 않다.

⊛ 우버택시

50개국, 250여 개 도시에서 서비스를 하고 있지만 상당수의 나라에서는 불법 영업논란으로 퇴출되기도 했다. (한국은 2015년도 우버택시 영업을 중단)

택시 영업이 금지된 자가용 승용차와 렌터카용 차량을 택시로 이용하여 국내법을 어기는 경우가 있다.

❀ 에어비앤비

에어비앤비는 민박등 숙박업자가 적극 활용하기도 하지만 개인이 오피스텔을 임대해 에어비앤비를 통해 숙박업에 나서는 경우도 생겨 지하경제의 규모를 키우는 부정적인 면도 있다.

7.4.1 인터넷 금융 거래

e-비즈니스의 발달과 더불어 인터넷 금융 거래도 활발히 진행되고 있다.인터넷으로 물품 대금을 결제하거나 가정이나 사무실에서 은행, 증권, 보험 업무 등을 볼 수 있다.

최근, IT기술과 금융서비스가 융합되면서 SNS 기반 전자지급 서비스, 개인간(P2P) 송금 등 새로운 금융 산업이 등장하고 있다.반면, 이러한 금융거래 서비스가 발달하면서 더불어 스미싱(Smishing)등과 같은 금융 보안 사고도 높아지고 있다.

금융거래 서비스 제공자와 정부 및 관련 기관에서 개인정보보호를 위한 노력이 더욱 뒷받침되어야 한다.

7.4.2 인터넷 뱅킹 동향

인터넷 뱅킹은 대표적인 전자금융거래 서비스로서 신규 계좌 개설, 계좌조회, 자동이체, 송금, 수표 발행 등의 여러 은행업무가 인터넷상의 가상 은행에서 이루어지는 은행 업무를 말한다.

우리나라는 1999년 신한, 한미, 주택은행 등이 처음으로 인터넷 뱅킹 서비스를 개시했으며,2009년 12월말 인터넷 뱅킹 거래금액이 전체 전자 금융의 23.3%의 비중을 차지했다.

스마트폰의 활성화로 2009년에 스마트기반 모바일 뱅킹 서비스가 본격적으로 제공되기 시작한 이후에는 모바일 뱅킹 이용실적이 급속히 증가하고 있다.

한국은행 2015년 자료에 의하면 인터넷 뱅킹 이용 실적 중 스마트폰 기반 모바일 뱅킹이 차지하는 비중은 꾸준히 증가해 2013년 모바일뱅킹 이용건수가 39.2%에서 2014년 46.6%로 급증하였다.

그러나 이용 금액면에서는 2013년 4.1%, 2014년에 4.9% 로 절대적으로 낮은 비중을 차지하고 있다는 것을 알 수있다.

표 3 인터넷뱅킹 중 스마트폰기반 모바일뱅킹의 비중(일 평균 기준)

(단위: %)

구분	2011	2012	2013	2014
이용 건수	15.1	27.0	39.2	46.6
이용 금액	1.2	2.6	4.1	4.9

출처: 한국은행, 2014 국내 인터넷뱅킹 서비스 이용현황, 2015

7.5 온라인 광고

온라인 광고에 대한 명확한 정의가 학계마다 분분한데 한국인터넷진흥원의 [인터넷 백서]에 따르면 온라인 광고를 인터넷 광고와 모바일 광고를 포괄하는 넓은 의미로 정의하고 있다.

인터넷 광고는 1994년 배너 형태가 최초로 시작했고 인터넷 확산에 힘입어 '디스플레이 광고'와 '검색 광고' 등의 유형들이 등장했다.

2006년 모바일 인터넷이 발달하면서 구글, 페이스북, 등은 온라인 광고를 통한 광고 수익을 기반으로 사용자에게 콘텐츠를 무료로 제공해 가입자 저변을 넓혀 글로벌 기업으로 성장하고 있다.

2014년 글로벌 인터넷 서비스 기업 매출액 현황 자료를 보면, 페이스북은 2014년 전체 매출액 대비 광고로 인한 매출액 비중이 92.1%, 구글은 광고로 인한 매출액 비중이 89.5%에 달했다. 이 인터넷 기업들의 매출중 온라인 광고로 인한 매출이 주가 된다는 것을 알 수 있다.

표 4 글로벌 인터넷 서비스 기업 매출액 현황

(단위: 억 달러, %)

기업명	2013년			2014년		
	전체	광고	광고 매출액 비중	전체	광고	광고 매출액 비중
구글	598.3	555.2	928	660.0	590.6	89.5
페이스북	78.7	69.8	89.0	124.7	114.9	92.1
야후	48.6	36.9	76.0	46.2	18.7	40.5
AOL	16.3	10.0	61.3	25.3	10.0	39.5

출처: 인터넷백서(2015), 기업별 IR 자료(재구성), 2015

2014년 국내 대표적 포털 기업들의 광고 매출 비중은 SK커뮤니케이션즈, 네이버, 다음, 순으로 각각 84.2, 73.1, 64.9%를 차지하고 있다.

표 5 국내 3대 포털 사업자 광고매출액 현황

(단위: 억 달러, %)

기업명	2013년			2014년		
	전체	광고	광고 매출액 비중	전체	광고	광고 매출액 비중
전체 규모	29,712	22,611	76.1	37,542	26,818	71.4
네이버	23,120	16,754	72.5	27,619	20,193	73.1
다음	5,309	4,911	92.5	8,984	5,834	64.9
SK 커뮤니케이션즈	1,283	946	73.7	939	791	84.2

출처: 인터넷백서(2015), 기업별 IR 자료(재구성), 2015]

7.6.1 모바일 전자상거래

모바일 전자상거래는 'm-커머스(Mobile Commerce)'라고도 하며 무선이동통신망을 통해 이루어지는 경제활동을 의미한다.

모바일 비즈니스는 접근성, 이동성, 편리성의 특징이 있다.

이동통신 기술의 발달, 특히 스마트폰 사용의 발달로 인해 급속도로 활성화되고 있다.

미국의 시장 조사 기관인 IDC에 의하면, 2013년에 전세계 인구의 6명 중 한 명이 모바일기기를 사용하고 있다.우리나라의 경우도 Wibro 발달에 이은 WiFi의 확대, 그리고 스마트폰, 태블릿, 넷북 등의 발달로 모바일 인터넷 접속 비중이 점점 많아져 모바일앱 시장이 급성장하고 있다.

7.6.2 모바일 커뮤니케이션 서비스

(1) SMS

단문 메시지 서비스(Short Message Service)의 약어로 휴대전화로 짧은 메시지(영문 알파벳 140자 혹은 한글 70자 이내)를 주고 받을 수 있는 서비스를 말한다.일명 '문자메시지'라고 한다.

(2) MMS

MMS는 멀티미디어 메시징 서비스(Multimedia Messaging Service)를 말하는 것으

로 사진, 음악 및 음성 그리고 동영상 등 다양한 형식의 데이터를 상대편에게 송부하는 동시에 검색할 수 있는 메시징 시스템이다.

(3) 모바일 IM

모바일 인스턴트 메신저(Instant Messenger)

(4) 모바일 이메일

모바일로 이메일을 이용한다.

(5) mVoIP(mobile VoIP)

휴대전화에서 음성망을 이용하지 않고 데이터 패킷 형태로 음성 통화를 가능하게 하는 서비스

예: 스카이프(Skype), 보이스톡

(6) 모바일 SNS

페이스북(Facebook), 마이스페이스(MySpace), 트위터(Twitter), 지도서비스와 결합된 위치 기반 SNS

7.6.3 모바일 애플리케이션

모바일 비즈니스는 새로운 영역과 융합된 복합 비즈니스 분야의 형성으로 빠르게 진화하고 있다.

앱마켓(앱스토어)은 스마트 모바일 비즈니스에서 중요한 구심점역할을 하고 있다. 글로벌 앱마켓은 '앱스토어'와 '구글플레이 스토어'가 대표적이다.

애플 앱스토어는 2007년 아이폰 출시 이후 500여 개의 애플리케이션으로 시작해서 2014년 말 121만개를 넘었다. 구글플레이도 2013년 143만개 수준이었다. (인터넷 백서, 2015)

2014년에 모바일 비즈니스 시장 규모의 확대에 힘입어 이 글로벌 앱마켓외에 각 나라별로 이동통신사를 중심으로 구성된 로컬 앱스토어와 독립적 앱스토어등이 생성되었다. 그러나 최근에 애플 앱스토어와 구글의 구글플레이의 대세에 밀려 국내 이동통신사의 앱마켓의 영향력이 점점 줄어들어 로컬 스토어들의 통합이 논의되고 있다.

(1) 이동통신사가 중심이 된 국내 앱마켓

"T스토어" – SK플래닛

"olleh마켓"– KT

"U+앱마켓"– LG U+

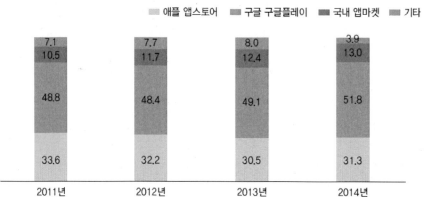

그림 3 국내 애플리케이션 마켓별 콘텐츠 매출 비중 추이

출처: 한국무선인터넷산업연합회, 2014년 무선인터넷산업 현황, 2014

(2) 독립계 앱마켓

"삼성앱스" – 삼성전자에서 만듦

"N스토어"– 국내 대표적 포털회사인 NHN에서 제공

2014년 국내 애플리케이션 마켓별 시장규모를 보면, 구글의 구글플레이가 전체 매출의 51.8%, 애플의 앱스토어가 31.3%, 국내 앱마켓이 13.0%로 나타났다.

7.6.4 앱마켓의 향후 전망

- 앱마켓 플레이스는 다음과 같은 진화하는 네트워크 환경에 힘입어 광범위하게 발전할 것이다.

  - 최근 무선통신의 4G, 5G 기술 개발
  - 모바일에 최적화된 클라우드 서비스 확산
  - 고화질, 고성능, 대용량 기기 확대

- 스마트폰의 보급과 앱의 성장은 그 외의 다른 전체 산업에도 영향을 미치고 있다.

  - 의료 : 원격의료와 생체 신호의 감지와 진단을 위한 웨어러블 단말을 위한 애플리케이션 등장
  - 자동차 : 스마트 자동차의 발달로 길 안내, 차량 진단, 위험 방지를 위한 보조 애플리케이션 등장

전자정부서비스

우리나라는 2002년부터 정보통신 기술을 활용한 전자정부를 통해 다양한 행정 서비스를 온라인화하여 언제 어디서나 정부의 행정 서비스의 이용이 쉽도록 하였다.

우라나라는 2010년 UN의 전자정부 평가에서 전체 192개국 중 1위를 달성하였다.

전자정부 서비스는 G2C(대국민) 서비스, G2B(대기업) 서비스, 그리고 G2G(정부간) 서비스로 나눌 수 있다.

7.7.1 G2C 서비스

대국민 전자 정부 서비스는 국민의 불편함을 해소하기 위해 관공서를 직접 방문하지 않아도 온라인으로 업무를 볼 수 있게 하였고 제출해야 할 서류도 최소화하였다.

대국민 전자정부 서비스의 대표적인 예로 정부민원포털민원24(www.minwon. go.kr), 국민신문고(www.epeople.go.kr), 전자세정시스템 홈택스(www.hometax. go.kr), 복지로(www.bokjiro.go.kr), 온라인행정심판(https://www.simpan. go.kr), 정보공개포털(www.open.go.kr) 등이 있다.

(1) 정부민원포털

정부 기관을 방문하지 않고 인터넷을 통해 각종 민원(신청, 주민등록증열람, 발급) 등의 업무를 처리할 수 있는 서비스이다.

(2) 국민신문고

국민신문고는 정부에 대한 국민제안, 부패신고, 행정심판, 정책토론을 신청할 수 있는 서비스이다.

사법부 및 14개 행정기관과 중앙부처, 지자제 등이 온라인으로 연결되어 국민권익위원회에서 운영한다.

국민신문고 이용현황을 보면, 2012년 지방자치단체(246개), 해외 공공기관(144개), 공공기관(14개)이 국민신문고에 연계되어있다.2015년 기준 국민신문고를 통한 민원 접수 건수는 190만 건에 달했다.(인터넷백서, 2016)

(3) 전자세정시스템 홈택스

세금을 내기 위해 세무서를 방문하지 않아도 집이나 사무실에서 인터넷을 통해 전자신고, 전자납부, 증명발급등의 모든 세금 문제를 24시간 편리하게 해결할 수 있는 종합세무행정 서비스이다.

국세 관련정보나 고지, 환급, 신고현황 내역을 휴대전화를 통해서 언제 어디서나 조회할 수 있는 모바일 서비스도 제공한다.

2014년 기준으로 전자신고 비율은 원천세 98.9%, 법인세 98.0%, 종합소득세 92.5%, 부가가치세 87.2% 로 최근까지 꾸준히 증가하고 있다. (국세통계연보, 2015)

(4) 복지로

각 정부 부처의 복지정보 서비스를 한눈에 확인할 수 있는 대표 복지포털사이트이다.새로 시행된 기초연금의 모의계산 및 신청도 가능하다.

(5) 온라인행정심판

행정기관의 부당한 처분 및 공권력으로 권리나 이익을 침해받은 국민이 인터넷을 통해 행정기관에 제기하는 권리구제 서비스를 제공한다.비용이 무료이고 단일창구를 통해 원스톱 서비스를 제공한다.

2015년 중앙행정심판위원회에 접수된 행정심판은 2만 4,425건에 달했다. (인터넷백서, 2016)

(6) 정보공개포털

2013년 국민의 알권리를 보장하고 국정 운영의 투명성을 높이기 위하여 [정보공개법]이 개정되었다.

정보공개포털에서는 각 기관별 정보공개 서비스를 통합하여 단일창구에서 제공하는 원스톱 정보공개 서비스이다.

7.7.2 G2B 서비스

대기업 전자정부 서비스는 기업과 관계된 기관들끼리 민원서식을 표준화하고 기관 간의 협업을 통해 기업이 정부에 제출해야 하는 서식 종류와 제출 횟수를 감소시키기 위한 서비스이다.

기업의 이점은 대기업 전자정부 서비스를 통해 민원 서류 및 행정처리의 간소화로 인해 시간과 비용을 대폭 감소할 수 있다는 것이다.

(1) 기업지원플러스 G4B(www.g4b.go.kr)

기업 지원을 위한 단일 창구를 마련하여 기업 관련 민원 서비스를 원스톱으로 제공한다.

(2) 국가물류통합정보센터((www.nlic.go.kr)

육, 해, 공 물류 정보를 통합하여 사용자 중심의 물류 정보 서비스를 제공한다.

마케팅에서 통관에 이르는 무역업무 전반에 대한 전자무역서비스를 제공한다.

(3) 국가종합전자조달시스템 나라장터(www.g2b.go.kr)

2003년 국가종합전자조달시스템인 '나라장터'를 개시하여 정부 발주 기관과 납품업체 담당자간에 비대면 거래가 가능해지면서 조달 행정의 투명성이 크게 향상되었다.

7.7.3 G2G 서비스

정부간 전자정부 서비스는 행정기관의 업무를 전자화하여 행정 기관 간 업무 처리의 효율성과 투명성을 높이고 국가 경쟁력을 향상시킨다.

(1) 전자문서 유통서비스

행정기관, 공공기관, 그리고 민간기관간에 문서 유통의 모든 과정을 전자적으로 해주는 서비스이다. 안정적 전자문서 유통을 위해 2004년 전자문서 유통방식을 국제표준방식인 ebMS(e-business Message Service Specification) 방식으로 전환하였다.

과거 공문서 전달에 2~4일이 걸리던 것이 발송에서 접수까지 1분이내로 단축되었고 전자문서의 송수신 사실을 증명할 수 있는 배달증명시스템이 도입되었다.

(2) 행정정보 공동이용서비스

2002년부터 행정 및 공공기관이 보유하고 있는 행정정보를 다른 행정기관이 온라인으로 제공받아 업무 처리를 할 수 있게 하는 서비스를 시작하였다.

2005년에는 국민 생활에 파급효과가 큰 주민, 자동차, 부동산 등 5개 분야 70종에 대한 행정 정보의 공동이용 서비스를 확대 실시하였다.

2010년에는 행정기관으로 한정되었던 정보공동이용 서비스 대상을 공공기관과 금융기관, 의료기관, 민간으로 확대하였다.

1. 전자상거래의 유형
   - B2C(기업과 소비자간 전자상거래)
   - B2G(기업과 정부간 전자상거래)
   - G2C(정부와 소비자간 전자상거래)
   - C2C(소비자간 전자상거래)
   - B2B(기업간 전자상거래)

2. 전자상거래 특징
   - 기업의 효율성 향상
   - 시간과 공간의 자유
   - 소비자의 가격 만족
   - 기업의 효율성 향상
   - 소비자의 수요에 즉각적 대응
   - 저렴한 창업자본

3. 공유경제
   - 공유경제란 하나의 상품을 여러 사람이 공유해서 이용하는 일명 '협업소비'를 토대로 이루어진 경제활동을 뜻하는 말
   - 재화를 '소유'하는 것이 아니라 '이용', '소비'할 때 더 가치가 있다

4. B2C 모델
   - Zipcar(집카) : 단기간 차량대여 서비스,
   - Green Car(그린카) : 필요한 시간만큼 전국 700여 개의 차고지에서 차량 대여 가능
   - 어린이용 장난감 및 의류 대여점
   - 스포츠 용품 렌털점
   - 관광지에서 잠시 빌려 쓰는 렌터카

5. P2P 모델

- 상품을 소유한 사람과 이용자를 연결시켜 주는 플랫폼 서비스를 제공하는 방식
- Getaround(겟어라운드) : 차량 소유주와 이용자가 일정기간동안 차량을 대여하고 이용할 수 있도록 연결해 주는 서비스
- Airbnb(에어비앤비) : 현지인의 주거공간을 공유하는 서비스
- Kozaza(코자자) : 한옥 스테이를 원하는 외국인들과 한옥의 빈방을 가진 호스트를 매칭시켜주는 한국형 숙박공유 플랫폼

6. 전자정부 서비스

- 대국민 서비스 : 정부민원포털, 국민신문고, 홈택스, 복지로, 온라인 행정심판, 정보공개포털
- 대기업 서비스 : 기업지원플러스 G4B, 국가물류통합정보센터, 국가종합전자조달시스템
- 정부간 서비스 : 전자문서 유통서비스, 행정정보 공동이용서비스

1. 다음 중 인터넷 관련 기술에 속하지 않는 것은?

   ① 전자우편　　　　　　　　　　② 팩스

   ③ 전자게시판　　　　　　　　　④ 자금이체

2. 다음 중 e-비즈니스의 유형에 대한 설명 중 틀린 것은?

   ① B2G는 기업과 고객 간 e-비즈니스이다.

   ② IBM에서 최초로 'e-비즈니스' 용어를 사용하였다.

   ③ 인터넷에서 전자적으로 재화를 사고 팔거나 서비스를 제공하는 일체의 비즈니스

   ④ 인터넷에서 직접 물건을 사고 팔도록 중개해주는 온라인장터를 오픈마켓이라 한다.

3. 전자상거래의 특징에 해당하지 않는 것은?

   ① 소비자 가격만족　　　　　　② 시간공간의 자유

   ③ 생산자 가격만족　　　　　　④ 기업의 효율성 증대

4. 다음 중 공유경제 모델의 종류가 다른 하나는 무엇인가?

   ① 에어비엔비　　　　　　　　② 코자자

   ③ 겟어라운드　　　　　　　　④ Zipcar

5. 다음 중 인터넷 산업 분류에 대한 설명이다. 틀린 것은?

① 스마트폰, 컴퓨터는 기반 산업에 속한다.

② 라우터 스위치는 활용산업에 속한다.

③ 호스팅 서비스는 지원산업에 속한다.

④ 무선LAN, VoIP는 활용산업에 속한다.

6. 최근 전자상거래 주요 동향과 거리가 먼 것은?

① 기업 간 전자상거래의 역할이 상대적으로 축소되었다.

② B2C, C2C 온라인 쇼핑 시장이 급성장했다.

③ 모바일 쇼핑이 급증했다.

④ 국경 간 전자상거래는 축소되었다.

7. 다음 중 대국민 서비스에 속하지 않는 것은?

① 홈택스   ② 정부민원포털

③ 국가종합전자조달시스템   ④ 국민신문고

8. G2G 서비스의 특징에 대한 설명 중 다른 하나는?

① 무역업무 진빈에 대한 선자무역서비스

② 국가 경쟁력향상

③ 행정기관간의 업무처리의 효율성 증대

④ 전자사서함 시스템도입

EXERCISE

9. 모바일 커뮤니케이션 서비스에 속하지 않는 것은?

① SMS   ② MMS

③ SNS   ④ FTP

10. 다음 중 인터넷비즈니스 활성화 대책으로 볼 수 없는 것은?

① 신생 IT 벤처기업에 재투자   ② Open API 적극추진

③ 매시업 경진대회 개최   ④ 대형 벤처기업들의 서비스 영역 확대

정답			
1.	④	6.	④
2.	①	7.	③
3.	③	8.	①
4.	④	9.	④
5.	②	10.	④

CHAPTER

인터넷 웹 서비스의 응용

인터넷 웹 서비스의 응용

학습목표

• UCC 관련 기술 및 현황에 대해 살펴볼 수 있다.

• 유투브에 동영상을 업로드하는 방법을 익힐 수 있다.

• 유투브에서 사진 슬라이드 만드는 법을 실습해 볼 수 있다.

• QR코드의 생성과정에 대해 학습하고 실습해본다.

8.1 UCC(User Created Contents)

8.1.1 UCC의 개요

UCC란 사용자가 직접 제작한 저작물(콘텐츠)을 의미하는 것으로 UGC(User Generated contents)등의 용어로도 혼용되어 사용되고 있다.

인터넷, 디지털카메라, 휴대전화 등의 발달로 비전문가들의 엔터테인먼트 콘텐츠로 시작했다.

2000년대 블로그, 미니홈피등 1인 미디어를 활용한 UCC 제작이 대중화되기 시작하여 2006년대 국내에서는 다음이 '다음 tv팟'을 오픈했고 구글이 유투브(YouTube)를 인수하면서 동영상 UCC가 활성화되었다.UCC는 단지 동영상만을 의미하는 것이 아니고 문자, 음향, 이미지, 영상 등으로 표현된 다양한 디지털 콘텐츠를 의미한다.

- UCC 전망 : 현재의 개인이 촬영한 엔터테인먼트 콘텐츠에서 한 발 더 나아가 앞으로는 교육/출판/쇼핑/방송 등의 분야로 UCC 분야가 크게 확대될 것으로 기대하고 있다.

- 문제점 : UCC의 자유로움으로 개인의 사생활을 침해한다거나 명예훼손, 그리고 저작권 침해등의 문제점을 해결해야 할 과제를 안고 있다.

8.1.2 UCC 기술 현황

(1) 동영상 압축 기술

- MPEG-1 : 비디오 CD 제작에 사용되는 포맷

- MPEG-2 : DVD, 지상파 DTV, 스카이 라이프 등에서 사용

- MPEG-4 : MPEG-2의 화질을 보장하면서 데이터의 크기를 약 2배 이상 압축하는 기술로 지상파 및 위성 DMB에 사용

(2) 동영상 변환 기술

트렌스 코딩(Transcording) - 웹 계정에 파일을 업로드 시키면서 바로 스트리밍 서비스를 할 수 있게 파일의 포맷을 변환해주는 기술이다.

한 코덱에서 다른 코덱으로의 디지털에서 디지털로의 변환 기술이다.

즉, 단일 환경을 목표로 제작된 음성, 데이터, 영상 등 멀티미디어 콘텐츠를 다른 환경에서도 이용할 수 있도록 가공, 선별, 변환하는 기술을 의미한다.

(3) 동영상 UCC 포맷

⊛ FLV(Flash Video)

PC와 OS의 종류에 관계없이 플래시가 지원되는 플랫폼이면 스트리밍 재생이 가능하다.

트랜스코딩 작업이 서버에서 진행된다.

이용자는 업로드한 후트랜스코딩이 완료될 때까지 기다리는 시간 대기가 있다.

트랜스코딩이 완료될 때까지의 대기 시간을 줄이기 위한 시스템 구축에 많은 비용이 든다는 단점이 있다.

⊛ WMV(Windows Media Video)

윈도우즈 계열에 최적화되어 있다.

액티브X(ActiveX)를 활용하여 이용자의 PC 내에서 트랜스코딩 작업이 이루어져 서

버의 부담을 줄일 수 있다.

윈도우 계열이 아닌 다른 플랫폼에서 브라우저를 이용해 감상하려면 별도의 트랜스 코딩 과정이 필요하다.

(4) 콘텐츠 저작권 관련(DRM) 기술

UCC 콘텐츠의 80%가 기존 미디어 및 방송의 콘텐츠 등을 단순 복제한 것으로 나타났다.

DRM(Digital Rights Management) 기술은 디지털 저작권 관리를 의미하는 것으로 불법 복제를 막고 사용료 부과와 결제 대행 등의 콘텐츠의 생성에서 유통 관리까지 지원하는 기술이다.

2001년 냅스터가 mp3파일에 처음 DRM을 사용하였고 LGT의 '뮤직온', SKT의 '멜론' 등이 DRM이 적용된 음원 서비스이다.

(5) DRM의 단점

- 사용자의 편의성 감소 : DRM이 적용된 멀티미디어는 특정 단말기에서만 플레이가 가능하다. 즉, 멜론에서 판매하는 음원인 DCF 파일은 SKT 휴대폰에서만 재생 가능하다.
- 호환성 문제 : 타 이동통신사 사이트에서 구매한 DRM 음원은 별도의 변환 프로그램으로 형식 변환을 해야 사용가능 하다.
- 음원의 독과점 : DRM 기술의 호환성문제로 음원 시장의 독과점이 발생한다.

8.2.1 YouTube의 개요

YouTube는 대표적인 UCC 사이트이다.

웹에서 가장 인기있는 비디오 공유 사이트중의 하나이다.

상업용 또는 단편적인 TV Show 클립뿐만 아니라 아마추어 비디오 작가와 무비메이커로부터 수 천만 개의 비디오를 제공한다.

자신이 좋아하는 디지털 비디오나 애니메이션을 세계인들과 함께 YouTube에서 공유하고 싶다면 누구나 구글 계정으로 로그인하거나 YouTube에 무료 회원 가입을 하고 비디오 파일을 업로드 하면 된다.

8.2.2 지원되는 YouTube 파일형식

YouTube에서 지원되는 파일 형식으로 .MOV, .MPEG4,.AVI, .WMV, .MPEGPS, .FLV등이 있다.

그 외에, mp3, wav와 같은 음악 파일이나 jpg, png 등과 같은 이미지 파일은 바로 호스팅되지 않기 때문에 유튜브에서 실행되는 동영상 형식으로 변환한 후 업로드해야한다.

8.2.3 YouTube에 동영상 업로드 하기

① YouTube 계정에 로그인한다.

*15분이 넘는 동영상은 '한도늘리기'를 한 후 업로드 할 수 있다.

② "업로드"버튼을 클릭한다.

③ [업로드할 파일을 선택]을 클릭한 후 [찾아보기]에서 업로드할 비디오 파일을 선택한 후 [확인]을 클릭하면 자동으로 업로드가 시작된다.

④ 비디오가 처리되는 시간이 다소 소요된다.

이때 태그나 동영상 제목, 공개 여부, 재생목록 만들기 등을 설정한다.

처리가 완료되면 오른쪽 [완료] 버튼을 누른다.

⑤ 동영상이 게시되었고 업로드된 동영상을 볼 수 있는 링크주소를 알려준다.

⑥ 유튜브 왼쪽 메뉴리스트에서 만들어놓은 재생목록을 열면 동영상이 게시되어있음을 볼 수있다.

8.2.4 사진 슬라이드쇼 만들기

① 유튜브에서 사진을 가지고 슬라이드쇼를 바로 즉석에서 만들 수 있다.

　오른쪽 [동영상만들기] – 사진 슬라이드쇼 [만들기]를 선택한다.

② 슬라이드쇼에 사용할 사진을 선택한다.

　이미 유튜브 앨범에 있는 사진을 사용해도 되고 직접 컴퓨터 사진을 선택해도 된다.

　[컴퓨터에서 사진 선택]버튼을 누른후 사진을 선택한 후 [선택] 버튼을 누른다.

③ 선택한 사진이 추가되었다.

④ [다음]을 클릭하면 기본값으로 들어가 있는 슬라이드 재생시간, 슬라이드효과, 화면전환효과를 편집할 수 있고 배경 음악도 선택할 수 있다.

⑤ 설정 후 [업로드]를 클릭한다.

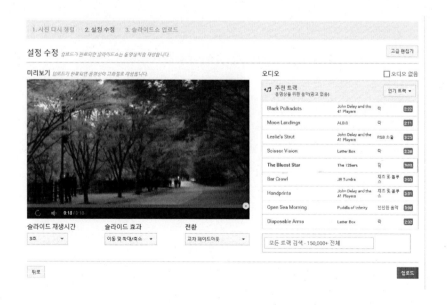

⑥ 슬라이드가 처리된 후 태그, 제목, 공개여부 설정을 한다.

⑦ 설정된 재생목록에 등록되어 사진 슬라이드가 재생된다.

8.2.5 동영상 편집기 활용하기

동영상을 별다른 전문 동영상 편집기를 사용하지 않고도 유투브에서 바로 텍스트입력, 밝기 및 대비 보정, 필터효과주기, 오디오 삽입, 비디오 자르기등을 할 수 있다.

① YouTube에서 [업로드] 버튼을 클릭하거나 URL 주소입력줄에 아래 사이트 주소를 입력한다.

"https://www.youtube.com/upload

오른쪽 하단 [동영상 편집기]를 클릭한다.

② 텍스트입력, 밝기 및 대비 보정, 필터효과주기, 오디오 삽입 등을 바로 할 수 있다.
필요한 메뉴를 선택한 후 한번의 클릭으로 다양한 효과를 경험할 수 있다.

③ 타임라인을 이용해 동영상 자르기를 할 수 있다.

동영상 편집이 끝난 후 [동영상 만들기] 버튼을 클릭하여 변경된 동영상을 저장한다.

8.3 QR(Quick Response)코드

8.3.1 정의

(1) 바코드

기존의 바코드는 가로 배열에 최대 20여 자의 숫자 정보만 넣을 수 있는 1차원적 구성으로 특정 상품명이나 제조사, 가격 등의 정보만 기록할 수 있다.

(2) QR코드

QR코드는 매트릭스 형태로 가로, 세로를 활용하여 숫자는 최대 7,089자, 문자는 최대 4,296자 등 2차원적 구성으로 되어있다.

QR코드에는 긴 문장의 인터넷 주소(URL)나 사진 및 동영상 정보, 지도 정보, 명함 정보 등을 기록할 수 있어 QR코드가 기업의 중요한 홍보/마케팅 수단으로 이용되고 있다.

8.3.2 QR코드의 특징

기존 바코드에 비해 많은 양의 데이터/정보를 담을 수 있다.

코드 크기는 약 2cm^{2}로 짧고 작은 형태를 유지할 수 있다.

QR코드는 오류 복원 기능이 있어 코드 일부분이 오염되거나 손상돼도 데이터 정보를 복원할 수 있다.

바탕/배경 그림의 영향을 거의 받지 않으므로 다양한 형태의 홍보/판촉물에 이용될 수 있다.

스마트폰이나 태블릿 PC 등의 QR코드 인식 애플리케이션을 사용해 QR코드를 읽어 들이면 해당 상품의 인터넷 사이트에 접속하여 추가 정보를 확인할 수 있다.

그림 1 QR코드 사례

8.3.3 악성 QR코드

악성코드나 맬웨어가 포함된 웹사이트로의 링크가 담겨있는 QR코드를 배포하는 전략으로 모바일 기기를 공격한다.

사용자는 유해 정보가 담겨 있는지를 육안으로, 또는 애플리케이션으로 판단할 수 없다.

한 사례로, 길거리에서 배포된 QR코드를 스캔한 후 "클럽 가입을 축하합니다"라는 글귀가 뜨고 사용자도 모르는 사이에 QR코드 스캔 기기로 트로이 목마가 설치된 일도 있다. 검증된 곳에서 제공하는 QR코드인지 최종 사용자의 각별한 주의가 필요하다.

스마트폰을 비롯한 모바일 기기에서도 백신이나 안티 맬웨어 소프트웨어를 설치하고 업데이트에 주의를 기울여야 한다.

8.3.4 QR코드 제작하기

QR코드는 누구라도 QR코드를 제작할 수 있는 사이트를 방문하여 쉽고 자유롭게 제작할 수 있다.

네이버의 경우 http://qr.naver.com에서 QR코드를 제작할 수 있다.

① [나만의 QR코드 만들기] 클릭한다.

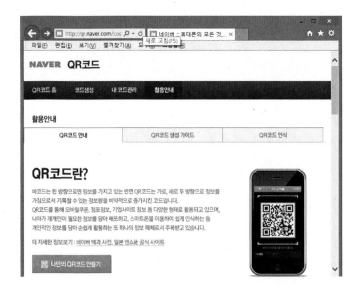

② 먼저 네이버에 로그인해야 한다.

③ 코드 제목 입력후 원하는 코드스타일을 선택한다.

추가 옵션 사용 여부도 선택한다.

④ 클라우드나 내PC에 있는 사진을 올릴 수 있다.

용량이 큰 이미지는 자동으로 리사이징되서 올라간다.

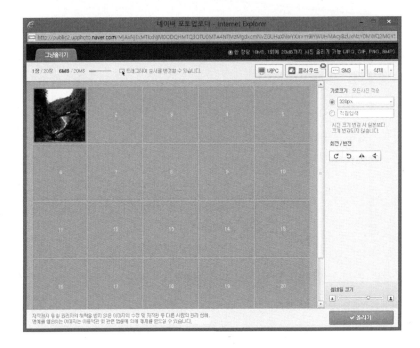

인터넷의 이해와 웹서비스의 활용

⑤ 이미지외에 동영상, 지도 등도 삽입할 수 있다.

⑥ [작성완료]를 클릭한다.

QR코드가 완성되었고 해당 코드를 메일로보내기, 블로그에 담기, 휴대폰으로 전
송 등의 옵션을 선택하여 내보내기 할 수 있다.

인터넷의 이해와 웹서비스의 활용

1. UCC

- UCC란 사용자가 직접 제작한 저작물(콘텐츠)
- 2000년대 블로그, 미니홈피등 1인 미디어를 활용한 UCC 제작이 대중화되기 시작
- '다음 tv팟', 유튜브(YouTube) 등으로 동영상 UCC가 활성화됨

2. 영상 압축 기술

- MPEG-1 : 비디오 CD 제작에 사용
- MPEG-2 : DVD, 지상파 DTV, 스카이 라이프 등에서 사용
- MPEG-4 : MPEG-2의 화질을 보장하면서 데이터의 크기를 약 2배 이상 압축하는 기술로 지상파 및 위성 DMB에 사용

3. 동영상 UCC 포맷

- FLV(Flash Video)
  - PC와 OS의 종류에 관계없이 플래시가 지원되는 플랫폼이면 스트리밍 재생 가능
  - 트랜스코딩 작업이 서버에서 진행
  - 업로드한 후 트랜스코딩이 완료될 때까지 시간이 걸림
- WMV(Windows Media Video)
  - 윈도우즈 계열에 최적화되어 있어 액티브X(ActiveX)를 활용하여 이용자의 PC 내에서 트랜스코딩 작업이 이루어져 서버의 부담을 줄일 수 있다.

4. 콘텐츠 저작권 관련(DRM) 기술

- 디지털 저작권 관리를 의미하는 것으로 불법 복제를 막고 사용료 부과와 결제 대행 등의 콘텐츠의 생성에서 유통 관리까지 지원하는 기술이다.
- 2001년 냅스터가 mp3파일에 처음 DRM을 사용하였고 LGT의 '뮤직온', SKT의 '멜론' 등이 DRM이 적용된 음원 서비스이다.

5. DRM의 단점
   - 사용자의 편의성 감소
   - 호환성 문제
   - 음원의 독과점 발생

EXERCISE

1. UCC에 대한 설명이 틀린 것은?

   ① 사용자가 직접 콘텐츠를 제작한다.

   ② 인터넷, 디지털 카메라, 휴대전화 등의 발달로 전문가들의 엔터테인먼트 콘텐츠로 시작했다.

   ③ 1인 미디어를 활용한 UCC 제작이 대중화되기 시작했다.

   ④ 명예훼손, 그리고 저작권 침해등의 문제점을 해결해야 할 과제를 안고 있다.

2. 동영상 압축 기술이 바르게 연결된것이 아닌 것은?

   ① MPEG-1 : 비디오 CD 제작에 사용되는 포맷

   ② MPEG-2 : DVD, 지상파 DTV 등에서 사용

   ③ MPEG-4 :지상파 및 위성 DMB에 사용

   ④ MPEG-3 : MPEG-2의 화질을 보상하면서 약 2배의 압축 기술

3. 동영상UCC 포맷에 대한 설명 중 다른 하나는 무엇인가?

   ① PC와 OS의 종류에 관계없이 시스템 구축에 드는 비용이 적다.

   ② 플래시가 지원되는 플랫폼이면 스트리밍 재생이 가능하다.

   ③ 트랜스코딩 작업이 서버에서 진행된다.

   ④ 트랜스코딩이 완료될 때까지이 대기 시간이 있나.

4. '냅스터', '뮤직온', '멜론'의 공통점으로 볼 수 있는 것은 무엇인가?

① 모두 UCC 콘텐츠이다.

② DRM이 적용되었다.

③ 액티브X(ActiveX)를 활용하였다.

④ MPEG-1의 압축기술이 사용되었다.

5. 다음 중 DRM기술에 대한 설명 중 틀린 것은 무엇인가?

① 콘텐츠의 생성에서 유통 관리까지 지원하는 기술이다.

② DRM이 적용된 멀티미디어는 불법 복제가 불가능하므로 단말기에 종속되지 않는다.

③ DRM 음원은 별도의 변환 프로그램으로 형식 변환을 해야 사용가능하다.

④ DRM 기술의 호환성문제로 음원 시장의 독과점이 발생한다.

6. 다음 중 YouTube에서 지원되는 파일 형식이 아닌 것은?

① Mov   ② Avi

③ Wmv   ④ Png

7. 다음 중 YouTube에서 할 수 있는 작업이 아닌 것은?

① 사진 슬라이드쇼를 만들 수 있다.

② 동영상에 필터를 적용할 수 있다.

③ 동영상에 텍스트를 입력할 수 있다.

④ 사진을 업로드 할 수 있다.

8. 다음 보기에서 설명하는 것 중 종류가 다른 하나는 무엇인가?

① 매트릭스 형태로 가로, 세로를 활용하여 정보를 입력할 수 있다.

② 인터넷 주소나 동영상 정보등이 기록될 수있다.

③ 기업의 중요한 홍보/마케팅으로도 사용된다.

④ 상품명이나 제조사, 가격 등의 정보만 기록할 수 있다.

9. 다음 중 QR코드의 문제점에 대한 설명이 아닌 것은?

① 맬웨어가 포함된 웹사이트로의 링크가 담길 수 있다.

② 유해 정보가 담겨있는지 애플리케이션으로 판단할 수 있다.

③ 검증된 곳에서 제공하는 QR코드인지 각별한 주의가 필요하다.

④ 스마트폰을 비롯한 모바일 기기에서도 백신이나 안티 맬웨어 소프트웨어를 설치해야 한다.

10. DRM의 단점이라고 볼 수없는 것은 무엇인가?

① 사용자의 편의성의 감소

② 호환성 부족

③ 음원의 독과점 발생

④ 콘텐츠 창의성 감소

EXERCISE

정답	
1. ②	6. ④
2. ④	7. ④ (이미지 자체는 바로 업로드가 불가능하다)
3. ① (나머지는 FLV 포맷에 대한 설명임)	8. ④ (4는 바코드에 대한 설명임)
4. ②	9. ②
5. ②	10. ④

웹 2.0과 미래 인터넷

웹 2.0과 미래 인터넷

학습목표

- 웹 2.0 시대의 특징과 기술에 대해 살펴볼 수 있다.
- 미래 인터넷 기술들에 대해 학습 할 수 있다.
- 클라우드 컴퓨팅에 대해 이해할 수 있다.
- 가상현실, 증강현실에 대해 학습할 수 있다.
- 5G 이동통신 기술 개발 현황에 대해 살펴볼 수 있다.

9.1.1 웹 2.0의 특징

웹 2.0은 참여와 개방 및 공유를 목표로 데이터를 소유하거나 독점하지 않고 누구나 데이터를 생산하고 접근하며 공유할 수 있는 환경을 제공하는 인터넷 환경을 의미한다.

기술 자원의 독점이 아닌 오픈 API를 통해서 모든 사람들이 사용할 수 있도록 자원을 공개하고 공개된 자원을 활용해 다양한 콘텐츠를 창조해냄

스마트폰의 이용과 모바일 인터넷 이용의 증가로 웹 2.0은 무선의 영역으로 확대되고 있다.

웹 2.0을 처음 시작한 팀 오라일리 (Tim O'Reilly)는 향후 인터넷의 발전 방향에 대해 "웹스퀘어(Web²)라는 새로운 용어를 사용하였다

TIP

웹스퀘어(Web²)

"스마트폰으로 언제나 인터넷에 접속할 수 있는 환경에서 마이크로블로그 등의 소셜미디어가 인터넷 서비스 중 핵심서비스로 부상하면서 2010년부터 웹스퀘어 시대가 올 것"으로 전망했다.
웹스퀘어는 유무선으로 확장되는 인터넷으로 인해 유통되는 정보의 양이 이전의 정보의 양에 비해 제곱이상으로 빠르게 증가할 것이라는 의미이다.

9.1.2 웹 2.0 기술 동향

(1) 오픈 API

Open Application Programmer Interface

누구나 사용할 수 있도록 공개된 API 를 의미한다.

> **API 란**
>
> 응용 프로그램이 운영체제나 프로그래밍 언어 등이 제공하는 기능들을 제어할 수 있도록 만든 인터페이스를 뜻한다.

각 포털 사이트 및 이동통신사, 기관들이 블로그, 지도, 이미지, 그리고 동영상 등을 오픈 API로공개하고 다양하고 재미있는 서비스 및 애플리케이션을 개발할 수 있도록 외부 개발자와 사용자들과 공유하고 있다.

 대표적인 예

- "구글맵", - 구글 맵의 API를 공개해 친구찾기, 부동산 정보 등 300여개의 신규 서비스를 창출할 수 있었다.

- 아마존 – 아마존이 제공하는 상품정보를 오픈 API 로 공개

  국내의 API 경우,

- 우체국 - 우편번호 및 종추적 검색을 오픈 API 로 제공

- 기업민원 G4B - '방산 해외전시회 정보 및 자금 지원정보'를 오픈 API를 이용해 누구나 자유롭게 서비스하고자 하는 웹페이지에 연계할 수 있도록 제공

- GBIS 버스정보시스템 – 버스 도착, 버스 위치 조회 서비스에 활용

- SK, KT, LGU+ 등 이동통신사 - SMS/MMS 등 메시징, LBS와 관련된 다양한 API 를 제공

(2) 매시업(Meshup)

매시업이란 웹으로 제공되는 정보나 서비스를 융합하여 새로운 서비스로 만드는 행위를 말한다.

웹 개발 시 공개된 콘텐츠를 이용해서 새로운 유형의 콘텐츠를 만들어 내는 효과가 있다.

다양한 오픈 API 를 이용하여 새로운 서비스나 소프트웨어를 창출한다.

미국을 중심으로 다양한 매시업 사례가 등장하고 있다.

대표적인 예로 구글맵에 부동산 매물 정보를 결합한 구글의 "하우징맵스"가 있다.

- 하우징맵스 : 지도를 선택하면 해당지역의 부동산매물을 보여주는 서비스

(3) RSS(Really Simple Syndication)

RSS는 수시로 업데이트되는 뉴스나 정보 등의 콘텐츠를 실시간으로 맞춤 제공하기 위한 뉴스 레터형 구독물이다.

이용자가 한번 구독신청을 해놓으면 해당 블로그나 인터넷 사이트를 방문하지 않고도 업데이트되는 정보를 실시간으로 편리하게 받아 볼 수 있다.

RSS를 활용하여 웹서비스의 개인화를 추구할 수 있다.

9.2　미래의 인터넷

9.2.1 미래인터넷의 개요

(1) 인터넷의 한계

인터넷이 시작된 이후 40여 년이 지난 지금의 인터넷은 당시 생각하지 못했던 많은 문제점 및 한계를 내포하고 있다.

- 포화 상태의 IP 주소,

- 컴퓨터 바이러스 감염

- 불법 트래픽의 증가

- 다양한 단말기 사용과 무선 인터넷 이용 급증으로 인한 융합망 구조의 문제

- 소셜 네트워크 활성화로 인한 개인 프라이버시와 저작권 보호 문제

- 인터넷 활용범위가 확대됨으로 트래픽 양이 폭발적으로 증가

(2) 인터넷 관련 문제점 개선 노력

- 미국, 유럽 등의 주요 선진국에서는 2005년부터 인터넷의 한계를 극복하기 위한 범 국가적인 차원의 대규모 투자를 진행하고 있다.

- 보안성, 이동성, 관리성등의 인터넷 주요 문제점들을 개선하기 위한 다양한 연구들이 진행되고 있다.

- 인터넷의 기술적 한계가 기존 인터넷의 구조적 결함에서 기인한다는 생각에 '구조의

재설계를 미래 인터넷의 주요 연구범위로 생각했고 기존 기술과의 호환성을 전제로 점진적으로 개선하려는 노력을 하고 있다.

9.2.2 미래의 인터넷의 특징

⊛ 사용자 중심

미래의 인터넷은 사용자 중심으로 사용자의 편의를 위해 누구나 언제 어디서나 이동 중에도 정보 접근과 이용이 용이하도록 서비스될 것이다.

⊛ 사물인터넷

일상 생활에서 사용하는 사물 등에 센서 및 컴퓨터가 내장되어 있어 다양한 생활 정보를 제공하게 되고 다양한 지능형 인터넷 서비스가 제공될 것이다.

⊛ 광대역화/무선화

미래의 네트워크는 고품질의 인터넷 서비스를 제공하기 위해 광대역화되고 제한적 유선 서비스에서 무제한적 무선 서비스로 발전될 것이다.

⊛ 융합화

IT 기반의 융합 및 유비쿼터스 시대가 되면서 다양한 융합 서비스로 새로운 부가가치가 창출되고 있다.

단말기와 서비스, 네트워크간의 융합 현상이 진행됨에 따라 인터넷전화, IPTV, DMB, WiBro, Home Network 등과 같은 다양한 융합 서비스를 넘어 이러한 융합 환경에서 풍부한 멀티미디어 콘텐츠들이 창출될 것이다.

(1) 가트너의 2016년 10대 전략 기술

① 디바이스 메시(The Device Mesh)

사물, 정보, 기기 등이 그물망처럼 연결되어 있는 것을 의미한다. 웨어러블 (Wearable) 디바이스, 사물인터넷, 가상현실 등의 발전으로 수많은 정보가 연결 될 것이다.

② 엠비언트 사용자 경험(Ambient User Experience)

물리적, 전자적 환경을 통합하여 주변환경이 바뀔 때마다 실시간 정보를 제공한다. 사용자가 다른 장소로 이동하면 사용자 경험은 물리, 가상 및 전자 환경이 혼합 되어 끊임없이 변동하는 디바이스와 상호작용 채널들 전반으로 이어진다.

③ 3D 프린팅 재료(3D Printing Materials)

어떤 소재든 3D 프린팅이 가능해져 우주, 의료, 자동차, 에너지, 군대 등에 활용 될 것이다

④ 사물정보(IoE, Information of Everything)

서로 다른 기기의 연결기술과 전략을 통해 흩어져 있던 정보를 서로 연결시켜 새 로운 가치를 창출한다. 결국 데이터를 어떻게 활용하느냐가 중요해졌다.

⑤ 진보된 기계학습(Advanced Machine Learning)

심층 신경망을 통해 컴퓨터가 자동으로 세상을 인지하고 학습하는 머신러닝 (Machine Learning)이 가능해진다.

데이터의 폭발적 증가와 정보의 복잡성으로 수작업 분석은 불가능해지고 비경제 적이어서 이들 작업을 자동화하는게 가능해진다.

⑥ 자율 에이전트와 사물(Autonomous Agents and Things)

드론, AI, 가상비서 등 다양한 스마트 머신들이 더욱 똑똑해져 사람만이 할 수 있 는 영역에 집중할 수 있게 될 것이다.

구글의 Now, 마이크로소프트의 Cortana, 애플의 Siri 등과 같은 VPA(Virtual Personal Assistants) 는 더욱 지능화된다.

진정한 지능형 에이전트는 스마트폰의 버튼을 누르는 것이 아니라 사용자가 앱에 음성으로 명령하는 것이다.

⑦ 능동형 보안 아키텍쳐(Adaptive Security Architecture)

보안이 탑재된 아키텍처를 적용하여 공격을 방어할 수 있도록 능동적인 보안을 하게 될 것이다.

⑧ 진보된 시스템 아키텍쳐(Advanced System Architecture)

고도의 컴퓨팅 아키텍쳐가 등장하여 기술이 점점 더 사람의 뇌와 비슷한 학습을 할 수 있게 된다.

⑨ 메시 앱과 서비스 아키텍쳐(Mesh App and Service Architecture)

수많은 앱과 서비스가 서로 느슨하게 연결되는 환경을 의미한다. 모바일 기술과 클라우드 환경에서 웹 스케일 확장, 유연성, 민첩성을 지원한다.

⑩ 사물인터넷 플랫폼(Internet of Things Platforms)

사물인터넷 플랫폼 표준과 통합 기타 기술들이 사물인터넷의 요소들을 개발, 관리, 보호한다.

사물인터넷 플랫폼을 통해 디지털 메시, 앰비언트 사용자 경험과 관련된 기술이 현실화될 것이다.

TIP

가트너(Gartner) 리서치

- 가트너는 가장 빠르고 가장 훌륭한 IT 전문 자원에 대한 조사 및 발표를 한다고 자부하고 있는 리서치 기관이다. (www.gartner.com)
- 650명의 전문 분석가가 1,071 개의 IT 관련 토픽을 조사
- 47개 언어로 발표

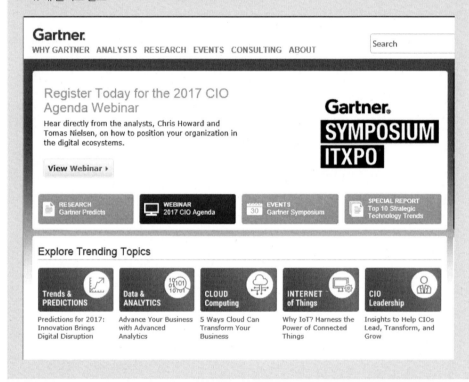

9.3 클라우드 컴퓨팅

9.3.1 클라우드 컴퓨팅 정의

IEEE 에서는 클라우드 컴퓨팅을 "정보가 인터넷 상의 서버에 영구적으로 저장되고 데스크탑이나 노트북, 휴대용 기기 등과 같은 클라이언트에는 일시적으로 보관되는 패러다임"이라고 말한다.

2015년 9월 시행된 [클라우드 컴퓨팅 발전 및 이용자 보호에 관한 법률]에 의하면, 클라우드 컴퓨팅이란 집적되고 공유된 정보통신 기기, 정보통신 설비, 소프트웨어 등 정보통신자원을 이용자의 요구나 수요 변화에 따라 정보통신망을 통하여 신축적으로 이용할 수 있도록 하는 정보처리체계를 의미한다.

❈ 서비스 공급자 관점에서의 클라우드 컴퓨팅

분산되어 있는 서버를 가상화 기술로 통합하여 실시간으로 고객이 원하는 IT 자원을 제공한다.

❈ 고객의 관점에서의 클라우드 컴퓨팅

운영체제, 저장소, 응용 프로그램, 보안 등 전반적인 IT 자원들을 언제 어디서든 필요로 하는 만큼만 빌려 사용하고 그에 대한 댓가를 지불하는 방식이다.

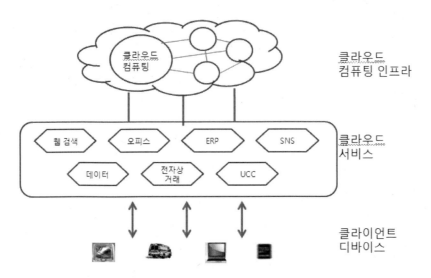

[Cloud Computing 개념 및 동향(2009),전자정보센터, 재구성]

그림 1 클라우드 컴퓨팅 서비스의 개요도

9.3.2 클라우드 컴퓨팅 특징

❂ 개방,공유, 사용자 참여

클라우드 컴퓨팅은 웹 2.0 시대가 표방하고 있는 개방, 공유 및 사용자 참여를 위한 차세대 웹 기술의 하나로 새로운 컴퓨팅 패러다임이 되고 있다.

❂ 용이한 서버 사용

개인 컴퓨터나 기업의 서버에 개별적으로 저장했던 소프트웨어와 데이터 등을 중앙 시스템 격인 클라우드 컴퓨팅 서버에 저장해 놓고 사용하게 되므로 서버나 개인 PC 관리의 어려움에서 벗어날 수 있고 서버를 아예 보유하지 않는 기업도 가능하다.

❀ 기업의 효율성 증대

급변하는 IT 자원의 흐름에 신속하게 대응할 수 있어 기업의 효율성을 증대시킬 수 있다.

❀ IT 자원 구매 비용 절감

리스크가 있는 새로운 IT 기술 자원의 구매 및 운영 비용을 절감할 수 있다

❀ 보안의 우려

단점으로 개인정보나 기업 정보 등이 외부 서버에 저장되면서 정보 유출의 우려가 있다.

9.3.3 클라우드 컴퓨팅 서비스의 종류

- SaaS(서비스형 소프트웨어 : Software as a Service) : 기업이 소프트웨어를 클라우드 서비스를 통해 빌려 쓰는 것
  예 : 구글 앱스, 야후 맵스 API, MS Office Live

- PaaS(서비스형 플랫폼 : Platform as a Service) : 기업이 업무에 필요한 소프트웨어를 개발 할 수 있는 플랫폼을 제공하는 것
  예 : GigaSpaces, Oracle Saas platform

- IaaS(서비스형 인프라 : Infrastructure as a service) : 기업 업무 처리에 필요한 서버, 스토리지, 네트워크 같은 IT 인프라 자원을 빌려 쓰는 것
  예 : Amazon SimpleDB, Amazon S3

9.3.4 국내 클라우드 컴퓨팅 현황

클라우드 컴퓨팅 기술은 가트너가 선정한 2010년도 10대 IT 전략 기술에서 1위로 꼽힐 정도로 전 세계가 인터넷 차세대 기술로 개발 중에 있다.

우리나라의 경우, 미래창조과학부에서 관계부처 합동으로 'K-ICT클라우드 컴퓨팅 활성화 계획'을 확정하고 2021년 클라우드 선도국가로의 도약을 위한 1단계(2016 ~ 2018년) 전략을 세웠다.

❈ 공공부문의 선제적 클라우드 도입

2018년까지 정부통합 전산센터를 클라우드로 전환하고 민간부문 클라우드 이용 활성화를 위해 민간 클라우드 이용지침, 보안 인증제등을 마련

❈ 민간부문의 클라우드 이용 확산

클라우드 이용자의 보안 우려를 해소하고 품질이나 성능에 대한 기준을 마련

❈ 국내 클라우드 산업의 성장 생태계 구축

경쟁력있는 소프트웨어 서비스(SaaS)를 발굴하여 글로벌 선도 기업과 국내 기업간의 협업 지원

클라우드 인력양성 전문기관 운영

9.4 가상현실

9.4.1 가상현실의 개요

(1) 정의

가상현실(VR, Virtual Reality)이란 두산백과의 정의에 따르면, 어떤 특정한 환경이나 상황을 컴퓨터로 만들어서, 그것을 사용하는 사람이 마치 실제 주변 상황이나 환경과 상호작용을 하고 있는 것처럼 만들어 주는 인간—컴퓨터 사이의 인터페이스를 말한다.

(2) 가상현실의 목적

사람이 경험하기 어려운 환경을 직접 체험해볼 수 있게 하는 것이다.

9.4.2 가상현실의 응용분야

응용분야로는 항공기 조종법 훈련, 원격위성 표면탐사, 가구 배치 설계, 게임 등으로 체험자와 가상공간이 상호 연결되어 시각, 청각, 촉각, 미각, 후각 등 5감을 이용하여 체험해볼 수 있다.

9.4.3 가상현실 기기

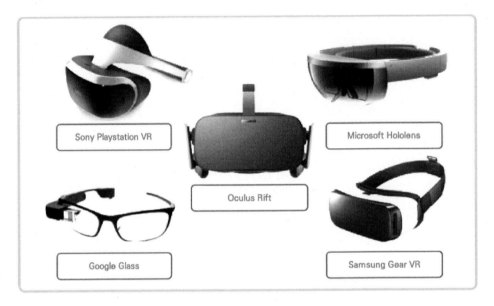

[LG 디스플레이, 각사 홈페이지 재구성, 2016]

그림 2 가상현실 기기

최근의 가상현실의 기기들은 대부분 스마트폰과 연동된다.

삼성이 오큘러스와 공동 제작한 '기어VR', LG의 'G3 VR', 구글 카드보드들은 스마트폰과 연동되어 가상 체험을 해볼 수 있다.

2014년 ITU(국제전기통신연합) 전권회의에서 2020년 5G 기술의 상용화를 결의하면서 5G 기반 실감형 경험 콘텐츠 개발에 의견을 모았다.

9.5 5G

9.5.1 5G 개요

최근 기가급 초고속 인터넷의 발달과 스마트 장치의 보급으로 인터넷의 사용 범위가 단순 정보 검색이나 커뮤니케이션 활동에서 영상이나 음악 등을 다운로드 받거나 스트리밍을 이용하는 것으로 확대되었다.

가상현실과 같은 미디어 소비 폭증과 사물인터넷의 사용 증가에 따른 대량의 데이터 트래픽을 소화하려면 빠른 전송 성능을 가진 5G 이동통신 기술이 절실하다.

9.5.2 5G 기술 동향

(1) 삼성전자의 경우

2014년에 세계 최초 100km/h 속도로 이동 중에 11.3Gbps 데이터 전송속도를 내는 5G 이동통신 기술을 시연했다.

(2) LG U+ 의 경우

5G 이동통신 기술시험센터를 구축하여 자율주행차량, 드론, 웨어러블, 센서 등 5G 이동통신 기반 서비스 기술을 개발 중에 있다.

(3) 미래창조과학부

2016년 '가상현실 플래그십 프로젝트'에서 2016년~2017년 동안 약 500억원을 투자해 가상현실 생태계를 조성하겠다고 발표했다.

5G 이동통신 핵심 기술에 대한 주도권 확보를 위해 국가 차원의 대형 R&D 프로젝트를 추진중에 있다.

2019년까지 6,000억원을 투입하고 중국, 유럽 연합 등 주요국가들과 표준화 공조를 통해 2020년 세계 최초 5G 이동통신 상용화 달성을 목표로 하고 있다.

(4) MWC 2016

바르셀로나에서 개최된 MWC 2016에서 5G 이동통신 기술개발과 응용 산업 전시가 있었다.

5G 이동통신 주도권 선점 및 조기 상용화 달성을 위해 AT&T와 버라이존 등이 시범 서비스계획을 발표하였다.

- 에릭슨 : 5G 이동통신 최대 전송속도 달성을 위해 최대 27Gbps 전송속도를 시연 스카니아와 협업하여 차량 군집주행 서비스 및 로봇팔 제어를 위한 장거리 협업 시스템을 전시

- 화웨이 : 최대 70Gbps 전송속도를 시연

- 노키아 : 폭스바겐과 무인자동차 군집주행, 원거라 사용자간 초고화질 영상전송 및 가상현실게임을 시연

TIP

MWC

모바일 월드 콩그레스(Mobile World Congress)의 줄임말이다.
전 세계 이동통신사와 휴대전화 제조사 및 장비업체의 연합이 주최하는 세계 최대 규모의 이동 · 정보통신 산업 전시회이다

9.5.3 5G 표준화 동향

(1) 전송 속도 증가

ITU는 20Gbps 의 최대 전송속도와 어디서든 100Mbps 이상의 체감 전송속도를 제공하는 것을 5G 이동통신의 목표로 두고 있다.

(2) 대량의 단말기 접속 지원

또한 전송속도를 증가시키는 데에만 주력하지 않고 미래의 사물인터넷시대를 위하여 대량의 단말기 접속을 지원하고 자율주행차 등을 위한 저지연을 목표로 하고 있다.

2017년 10월부터 2019년 6월까지 5G 이동통신 후보기술을 접수 받아 2020년 10월에 5G 이동통신 표준을 승인할 계획이다[1].

---

1) 5G 표준화 현황(2015), 정보통신기술진흥협회

1. 웹 2.0 기술
   - 오픈 API
   - 누구나 사용할 수 있도록 공개된 API로 대표적인 예로 "구글맵", 인터넷 서점 "아마존"을 들 수 있다

2. 매시업
   - 웹으로 제공되는 정보나 서비스를 융합하여 새로운 서비스로 만드는 행위
   - 구글맵에 부동산 매물 정보를 결합한 구글의 "하우징맵스"가 대표적인 예이다.

3. RSS
   - 수시로 업데이트되는 뉴스나 정보 등의 콘텐츠를 실시간으로 제공하기 위한 뉴스 레터형 구독물

4. 미래 인터넷의 특징
   - 사용자 중심
   - 사물인터넷
   - 광대역화무선화
   - 융합화

5. 클라우드 컴퓨팅 특징
   - 개방, 공유, 사용자 참여
   - 용이한 서버 사용
   - 기업의 효율성 증대
   - IT자원의 구매 비용 절감
   - 보안의 우려

6. 5G

- 멀티미디어의 다운로드 및 스트리밍 서비스 수요 증가
- 가상 현실을 이용한 3D 산업 증가
- 사물인터넷 산업의 증가
- 20Gbps 의 최대 전송속도와 어디서든 100Mbps 이상의 체감 전송속도를 제공하는 것이 목표
- 대량의 단말기 접속 지원

1. 다음 중 웹 2.0 을 나타내는 단어가 아닌 것은?

① 개방　　　　　　　　　② 공유

③ 오픈 API　　　　　　　　④ 소유

⑤ 융합

2. 다음 중 인터넷의 한계라 볼 수 없는 것은?

① 개인프라이버시　　　　　② 저작권보호

③ 바이러스　　　　　　　　④ IP 주소

⑤ 무선인터넷

3. 다음 클라우드 컴퓨팅서비스에 대한 설명 중 맞는 것은?

① 구글앱스는 서비스형 소프트웨어의 예이다.

② 아마존의 웹상에서 양에 관계없이 데이터를 저장 할 수 있게 하는 S3는 서비스형 플랫폼의 예이다.

③ GigaSpaces는 서비스형 인프라의 한 예이다.

④ 야후맵스 API는 서비스형 플랫폼의 한 예이다.

⑤ 서버나 스토리지 같은 IT 인프라자원을 빌려쓰는 서비스는 서비스형 플랫폼이다.

4. 클라우드 컴퓨팅의 장점이라 할 수 없는 것은?

① 웹서버의 사용으로 서버관리가 용이해 졌다.

② 개인이나 기업의 정보가 웹서버로 저장된다.

③ 고가의 새로운 IT 기술자원의 구입비용을 절감할 수 있다.

④ 급변하는 IT 자원의 흐름에 신속하게 대응할 수 있다.

⑤ 서버를 보유하지 않고도 기업을 운영할 수 있다.

5. 웹 2.0 기술중의 하나로 수시로 업데이트되는 뉴스 등의 콘텐츠를 실시간으로 검색할 수 있게 해주는 것은?

① 오픈 API   ② Symentic Web

③ RSS   ④ 웹스퀘어

⑤ Meshup

6. 다음 중 미래인터넷의 특징과 거리가 먼 것은?

① 사물인터넷   ② 무선화

③ 융합화   ④ 개발자중심

⑤ 광대역화

7. 다음 중 IP 기반으로 광대역주파수를 이용하고 대용량의 데이터를 전송할 수 있는 초고속무선인터넷은 무엇인가?

8. 가상 현실에 대한 설명 중 바르지 못한 것은?

① 항공기 조종, 원격 위성 탐사, 등에 응용된다.

② 최근의 가상 현실 기기들은 대부분 PC와 연동된다.

③ '기어VR' 이나 LG의 'G3 VR' 등은 가상 체험의 한 예라 볼 수 있다.

④ 2014년 ITU(국제전기통신연합) 전권회의에서 5G기반 실감형 경험 콘텐츠 개발을 결의했다.

⑤ 인간과 컴퓨터 사이의 인터페이스이다.

9. IT 전문 조사기관인 가트너에서 2016년 10대 IT 전략 기술로 뽑은 기술에 속하지 않는 것은?

① 많은 웨어러블 디바이스들이 그물망처럼 서로 연결된다.

② 사용자가 장소를 이동하면 주변환경이 바뀔때 마다 변동되는 정보들이 제공된다.

③ 운영체제, 저장소, 응용 프로그램, 보안 등 전반적인 IT 자원들을 각자가 소유하게된다.

④ 심층 신경망을 통해 컴퓨터가 자동으로 세상을 인지한다.

⑤ 고도의 컴퓨팅 아키텍쳐가 등장하여 기술이 점점 더 사람의 뇌와 비슷한 학습을 한다.

10. 다음 중 5G 를 설명하는 단어에 적합하지 않은 것은 ?

① 스트리밍   ② 가상 현실

③ 3D   ④ 사물인터넷

⑤ RSS

정답		
1. ④	**6.**	④ (사용자 중심)
2. ⑤	**7.**	WiBro
3. ①	**8.**	②
4. ②	**9.**	③
5. ③ RSS	**10.**	⑤

인터넷 융합서비스 및
사물인터넷

인터넷 융합서비스 및 사물인터넷

학습목표

- 사물인터넷 동향에 대해 이해할 수 있다.

- 방송통신 융합서비스의 특징에 대해 살펴볼 수 있다.

- 인터넷 융합 서비스의 여러 유형에 대해 이해할 수 있다.

- 빅데이터의 특징과 현황에 대해 학습할 수 있다.

10.1 사물인터넷

이제 인터넷은 일반인들이 미디어 콘텐츠 서비스를 이용하는 공간일 뿐아니라 많은 개발자들이 컴퓨팅 자원을 활용하여 다양한 비즈니스를 창출시키는 혁신의 공간이 되었다.

저성장시대, 급변하는 환경에서 특정 산업, 특정 기술만으로는 한계가 있다.

산업구조를 개선하고 경제성장을 도모하기 위해서 세계 각국은 사물인터넷및 융합 산업 경쟁에 돌입했다.

10.1.1 사물인터넷 동향

사물인터넷(IoT-Internet of Things)이란 사람이나 주변 사물들이 유,무선 네트워크로 연결되어 실시간으로 데이터를 주고받는 인터넷환경을 의미한다.

1999년 MIT에서 RFID 전문가로 있던 케빈 애쉬톤(Kevin Ashiton)이 "RFID 및 센서를 일상생활 속 사물에 탑재함으로써 사물인터넷(IoT)이 구축될 것"이라고 IoT 용어를 처음 사용했다.

2015년 시장조사기관인 IDC 는 아태지역(일본지역 제외)에서 IoT에 연결되는 디바이스가 2015년 31억개에서 2020년에는 약 2.8배인 86억개로 늘어날 것으로 예상했다. (인터넷백서, 2016)

다른 IT 시장조사기관인 가드너는 IoT 도입 기업이 계속적으로 증가해 2016년에는 42%의 기업이 사물인터넷을 도입할 것으로 전망하고 있다.

⊛ 유럽

'Horizon' 2020(2014년 ~ 2020년)에서 IoT 연구 개발 및 시범 사업을 추진하고 있다.

⊛ 독일

2013년부터 '인더스트리 4.0'을 발표하여 IoT 산업 활성화를 추진하고 있다.

⊛ 우리나라

고려대와 한국인터넷진흥원이 미국의 카네기멜론대, 영국의 옥스퍼드대, 스위스의 취리히연방공과대 등 4개국이 공동으로 참여하는 '사물 인터넷 소프트웨어 보안 국제공동연구센터'를 개소하였다.

2015년에 'IoT 정보보호 로드맵 3개년(2015 ~ 2017) 시행계획'을 수립

- '사물 인터넷 장비 보안 인증제도' 도입 계획 : 사물인터넷 제품, 서비스의 신뢰성 확보를 위함

- '사물인터넷 보안 얼라이언스' 구성 : IoT 보안 이슈 논의 및 기술 자문

- '사물인터넷 보안 테스트베드' 구축 : 사물인터넷 관련 스타트업 중소업체 등의 보안 검증 환경 제공

미래창조과학부는 2015년 'K-ICT 전략'을 수립하여 향후 5년간 총 9조원을 투입하여 ICT 산업 성장률 8%, 2020년 ICT 생산 240조원, 수주 2,100억 달러 달성을 목표로 하였다.(한국인터넷진흥원, 인터넷백서 2016, 140p)

또한 IoT 를 위한 7개 산업분야 를 지정하였다.

자동차, 모바일, 로봇, 보안, 의료, 환경, USN(유비쿼터스 센서 네트워크)

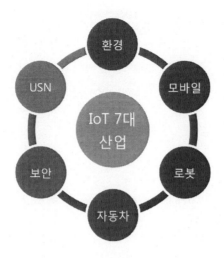

10.1.2 사물인터넷 사례[1]

아마존이 2015년 '아마존 대시 버튼'을 출시해 주문과 결제가 동시에 이루어지는 서비스를 제공

LG는 카카오톡과 라인 등의 모바일 메신저로 가전제품과 소통하는 홈챗을 출시했다. 스마트폰으로 가스를 잠그거나 온도 조절, 현관 도어락 등을 제어할 수 있는 서비스이다.

---

1) 로고 출처 : www.amazon.com, www.lg.co.kr, www.samsung.co.kr,
www.uplus.co.kr, www.kt.com, www.yanolja.com

삼성은 사물인터넷 기업 Smart Things를 인수했고 이스라엘의 바이오 IoT 업체인 Early Sense 에 1,000만 달러를 투자하여 기술 개발에 나섰다.

LG U+ 는 2015년 열림감지센서, 가스락, 스위치, 플러그, 허브 등 기능이 포함된 'IoT@Home' 서비스를 출시

KT는 2015년 스마트폰 앱을 통해 가정 내 IoT 생활기계의 상태를 확인할 수 있는 '기가 IoT 홈매니저' 서비스를 시작으로 2016년에 '기가 IoT 헬스밴드', '헬스 바이크' 등의 서비스를 추가했다.

숙박 서비스 '야놀자'는 중소형 숙박업에 사물 인터넷 기술을 적용한 모델로 체크인 전 에어컨을 켜두거나 프론트를 거치지 않고 자동으로 체크아웃 할 수 있다.

10.2 방송통신융합서비스

10.2.1 디지털 융합의 개요

(1) 정의

디지털 융합이란 기존의 IT 제품이나 서비스가 서로 결합하여 새로운 상품이나 서비스로 재 탄생하는 현상을 말하는 것으로 인터넷을 기반으로 산업과 산업이 융합하는 것을 의미한다.

디지털 융합은 방송통신의 융합, 생활에 필요한 주거 제품들의 융합, 금융 분야에서의 융합, 신체 및 환경 진단 기기들의 융합 등 다양한 산업분야에서 융합이 이루어지고 있다.

(2) 방송통신 융합 서비스

방송통신 융합서비스에는 방송과 통신 서비스에서의 "서비스 융합"과 방송망과 통신망이 결합된 "망의 융합", 그리고 방송사업과 통신 사업의 경계가 허물어지는 "기업의 융합" 등이 있다.

❀ 방송 서비스 → 통신 서비스 영역으로 확대

불특정 다수에게 단방향으로 무료 서비스를 제공하던 방송서비스가 질 좋은 쌍방향 유료 서비스를 제공하고 통신 영역의 서비스였던 전화나 인터넷 서비스까지도 제공

❀ 통신 서비스 → 방송 서비스 영역으로 확대

쌍방향 정보 교환 서비스를 제공하던 통신 서비스가 불특정 다수에게 일방적으로 정

보를 분배하는 방식의 서비스를 제공.

대표적 방송통신융합 서비스의 예로 DMB, IPTV, 스마트TV, 등을 들 수 있다.

(3) IPTV(Internet Protocol Television)

IPTV란 초고속 인터넷을 이용하여 정보, 동영상 및 방송 등을 텔레비전을 통해서 제공받는 서비스를 말한다. 즉, 인터넷과 텔레비전의 융합 서비스로 흔히 "인터넷TV"라 부름.

IPTV를 이용하려면 텔레비전, 디지털 컨버터(셋톱 박스), 그리고 인터넷 회선이 필요하다.

IPTV에서는 기존의 방송 콘텐츠뿐만 아니라 VOD 영화 감상, 홈쇼핑, 온라인 게임, 등 쌍방향 서비스를 제공받을 수 있다.

국내 IPTV 제공 사업자로는 KT, SK브로드밴드, 그리고 LG U+ 이다.

⊞ 특징

- 침체된 유료 방송 시장의 활성화

- 양질의 콘텐츠 경쟁

- 소비자 선택의 폭 확대

- 단방향TV에서 쌍방향 TV로 변화

- 시간에 구애받지 않고 시청 가능

표 1 국내 IPTV 가입자 현황

(단위: 만 명, %)

구분		2013년	2014년	2013년 대비 증가율
		861.36	1,083.71	25.8
KT		496.83	584.91	17.7
SK 브로드밴드		209.58	281.93	34.5
LG U+		154.96	216.88	40.0

출처: 2014 방송통신연차보고서, 방송통신위원회(2015)

(4) 스마트 TV

스마트 TV는 TV에 인터넷을 결합해 각종 애플리케이션을 설치하고 VOD 시청 뿐아니라 웹서핑, SNS, 게임 등의 다양한 기능을 활용할 수 있다.

스마트 TV는 TV로 인터넷 접속을 하는 기기로 '커넥티드 TV'라고도 한다.

2014년 스마트 TV 시장 점유율로는 소니가 24.8%로 가장 높고 이어서 삼성전자 12.5%, 닌텐도 11.4%, 마이크로소프트 11.1%, LG전자 6.5% 순이다.

(단위 : %)

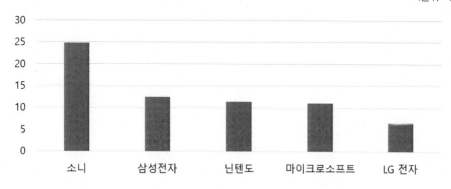

그림 1 2014년 스마트 TV 시장 점유율

출처: 한국인터넷진흥원, 인터넷백서(2015)

10.3 스마트홈

10.3.1 정의

스마트홈은 개인 주거에 필요한 모든 일상 제품 및 기기등에 사물인터넷을 융합하는 것으로 우리 일상 생활 대부분의 영역에 걸친 융합산업의 핵심이라 볼 수 있다.

구글에서는,

스마트홈은 '조명, 난방, 보안 , 가전 등을 원격으로 스마트폰과 컴퓨터로 제어할 수 있는 전자 설비 기기가 구축되어 생활 편의를 제공하는 주거 공간'이라 정의내리고 있다.

10.3.2 스마트홈 관련 융합 산업

스마트홈과 관련된 업종을 살펴보면 가전,보안, 교육, 의료, 에너지, 미디어, 건축, 모바일 등 다양하다.

스마트홈 대상 산업군으로는 홈네트워크 시큐러티, 스마트 융합기기, 스마트 러닝, 홈 헬스, 그림 홈 빌딩, 홈엔터테인먼트, M2M 지능통신 등이 있다.

그림 2 스마트홈 관련 융합산업

출처: 한국스마트홈산업협회, 2015

10.3.3 스마트홈 동향[2]

글로벌 스마트홈은 급성장하고 있지만 국내는 사업자별 상이한 기술방식으로 사물인터넷 성장이 지연되고 있는 실정이다.

(1) 해외

시장조사기관인 스트래트지 어낼리틱스(Strategy Analytics, SA)는 2014년 세계 스마트홈 보급률은 5%로 추정했으며, 2019년에는 12%(미국의 경우 38%)까지 오를 것으로 전망했다.

---

2) 한국인터넷진흥원, 인터넷백서 2016

(2) 국내

[한국스마트홈산업협회]에 따르면, 2015년 스마트홈 시장은 전년대비 17.8% 증가한 10조900억원 규모로 추정하고 있고 향후 2019년까지 2015년 대비 두배 이상의 성장률에 이를 것이라 전망하고 있다.

표 2 국내 스마트홈 시장규모 전망치

(단위: 억 원)

구분	2014년	2015년	2016년	2017년	2018년	2019년	연평균 성장률
시장 규모	85,677	100,940	111,422	132,806	166,767	211,763	20.4%

출처: 한국스마트홈산업협회, 스마트홈 산업현황 및 정책방향, 2016

국내의 경우 중소기업의 사물인터넷에 대한 독자적 플랫폼 구축 능력이 없어 대기업의 상생, 협력의 산업 생태계 마련이 필요하다.

10.4.1 현황

웨어러블 디바이스는 신체의 일부에 부착하여 착용자의 신체정보나 또는 주변 환경 정보등의 데이터를 실시간으로 수집할 수 있는 단말장치이다.

주로 안경형이나 손목착용형에서 2016년에 들어와서 HMD 글래스로 발달했고 가상 현실이나 증강현실의 융합으로 더욱 발전하고 있다.

앞으로 스마트폰을 대체할 차세대 융합기술로 웨어러블 디바이스가 거론되고 있다.

삼성전자, 애플, 화웨이, 소니 등 세계 IT 기술을 선도하는 기업 외에도 페이스북, 구글, 마이크로소프트 등 서비스기업들까지 웨어러블 디바이스에 가세하고 있다.

10.4.2 전망

CCS 인사이트[3]의 추정치에 의하면, 2015년에는 8,400만 대의 웨어러블 기기가 보급 되었다.

2019년까지 웨어러블 기기 판매량이 약 3배 증가한 2억 4,500만 대로 증가할 것으로 전망하고 있다.

---

[3] http://www.ccsinsight.com/
IT 시장 현황 분석및 예측, 출판등을 하는 시장조사기관

10.4.3 한계

- 가격의 경제성

- 패션과 기기의 기능과의 조화의 문제

- 착용감에 대한 거부감이 적어야 함

- 사이즈가 소형이어야 함

- 배터리의 장시간 유지, 무게 등의 한계

- 신체 데이터의 수집 제한에 대한 법, 제도적 해결문제

그림 3 2016년출시 사용 중인 웨어러블 기기들

출처: [한국인터넷진흥원, 인터넷백서, 2016] [각사 홈페이지, 2016]

10.5 핀테크

10.5.1 핀테크의 정의

핀테크(FinTech)는 Finance(금융)와 Technology(기술)의 합성어로 금융위원회는 핀테크에 대해 "IT기술 기반 금융 서비스"라고 표현하였다.

즉, 종래의 비효율적인 전통적인 금융 산업의 효율성을 높이기 위하여 IT의 혁신적 기술과 서비스를 이용하여 금융서비스를 직접 제공하는 현상을 의미한다.

즉, 금융과 IT 의 융합을 통한 금융 서비스및 산업의 변화를 말한다.

바클레이즈 은행은 인터넷 뱅킹 사용 고객 200만 명을 유치하는데 13년이 걸렸는데 모바일 뱅킹에는 겨우 8개월이 걸렸다고 밝혔다[4].

10.5.2 핀테크의 발전 배경

글로벌 금융 위기 – 비효율성, 보안위기, 까다로운 금융 절차

IT 기술의 IoT(사물인터넷) 로의 혁신적 진화

스마트 모바일 기기의 급격한 보급

---

4) 한국인터넷진흥원, 인터넷백서, 2015

10.5.3 핀테크 서비스 영역 분류

한국인터넷진흥원의 인터넷백서에서 참조한 핀테크 서비스 영역을 살펴보면 다음과
같다.

구분	종류	특징
송금	전자화폐, 모바일 및 이메일 송금	인터넷 플랫폼을 통해 송금의뢰자와 수탁자를 직접 연결시켜 송금 수수료를 대폭 낮추고 송금시간도 단축
결제	전자결제 서비스 (전자화폐, 간편결제)	IT를 활용한 다양한 결제기술로 간편한 지급 결제 서비스 제공, 결제 편의성 향상
자산관리	온라인펀드, 인터넷 은행,보험,증권	온라인으로 다양한 펀드를 살 수 있는 슈퍼마켓의 역할, 인터넷만을 통해 가입하는 보험
투자	소셜 크라우딩, 크라우드펀딩	대출, 창업자금 지원등 투자 관련 서비스하는 온라인 플랫폼, 스마트폰 등을 이용하여 투자 정보교류를 통한 투자 활동에 영향
보안 및 데이터 분석	정보보안, 결제보안	새로운 금융서비스를 보다 편리하게 사용하기 위해서는 고도화된 금융보안기술이 필요
	금융 빅데이터분석	소비패턴의 인식을 통한 소비활동 증진 대규모 데이터를 활용한 보다 정교한 대출금리 산정

출처: [여신금융연구소, 핀테크의 가치창출 요건 및 시사점, 2015], [인터넷 백서 재구성]

10.5.4 결제 방식의 진화

핀테크의 대표적 사례로 금융서비스의 변화로는 모바일뱅킹과 앱카드를 들수있고
산업적인 변화로는 애플페이, 알리페이 등이 있다.

(1) 페이팔[5]

전자상거래가 발달하면서 지급 결제 방식에서도 변화가 일어났다.

최초의 온라인 지급 결제방식은 페이팔(Pay Pal)이다.

페이팔은 에스크로(escrow) 서비스를 기본 개념으로 한 서비스이다.

페이팔은 eBay 에 인수된 후 급성장하여 전 세계 전자상거래의 약 18%를 차지하는 세계최대 지급결제 서비스 업체이다.

구매자는 신용카드, 직불카드, 은행계좌, 페이팔 잔액 등 다양한 결제 방식을 사용할 수 있고, 주소나 16자리 카드번호, 유효기간, 등을 입력하지 않아도 된다.

페이팔미(PayPal.Me)라는 개인 대 개인 금융 거래 서비스도 시작하였다.

> **TIP**
>
> 에스크로란 거래 당사자의 요청에 의해 판매대금을 가지고 있는 제3자를 말한다.
> 즉, 온라인 구매시 상품을 구매자가 구매 의사를 밝히면 제3자(페이팔)가 대금을 받아 가지고 있다가 구매자가 상품을 수령하고 물품을 확인한 후 판매자가 대금을 받는 방식이다.

(2) 애플페이(Apple Pay)

애플이제공하는 모바일결제 및 전자지갑 서비스로아이폰 6, 6 플러스이상, 애플워치 호환기기 (아이폰 5 이상), 아이패드미니 3 이상에서 결제가 가능하다.

---

[5] 2005년 베리사인(VeriSign) 결제 솔루션을 인수
2007년 마스터카드와 제휴를 맺어 카드 결제 서비스를 발전시켰다.
2008년에는 보안업체 프로드사이언스(FraudSciences)를 인수하여 온라인 거래 보안을 강화시켰다.
2015년 이베이에서 분사된 후에도 매출 실적은 증가

신용카드 정보를 폰에 먼저 저장해둔 후 스마트폰을 근접무선통신(NFC) 단말기에 대기만하면 결제할 수 있어 편리하다.

애플페이를 결제하기 위해서는 별도의 결제단말기를 마련해야 되기 때문에 미국에서도 확산속도는 빠르지는 않다.

(3) 삼성페이

삼성전자에서 제공하는 모바일결제서비스로, 기존의 앱카드가 사용하는 바코드 결제방식이 아닌 근거리무선통신(NFC)과 마그네틱 보안전송(MST, Magnetic SecureTransmission) 방식을 지원하는 서비스이다.

삼성전자가 미국의 벤처기업 루프페이(LoopPay)의 특허기술을 인수하였다.

이 기술은 기존 마그네틱 결제시스템을 자기장으로 구현하는 기술로 일반카드결제단말기에 스마트폰을 접촉하는 것으로 결제가 가능한 기술이다.

따라서 신용카드나 체크카드 정보를 스마트폰에 입력해, 신용카드를 긁는 대신 스마트폰을 마그네틱 신용카드결제기 근처에 갖다대면 기기간 통신을 통해 결제가 이뤄진다.

2015년 8월 한국에서 정식서비스 개시 후, 2015년 9월 미국, 2016년 3월 중국, 2016년 8월 러시아 등에서도 정식으로 서비스를 시작했다.

2015년 3월초 CNN은 "애플페이나 구글 월렛이 NFC 단말기가 있어야만하는 것과는 달리 마그네틱 결제기로 작동하는 것은 혁신"이라고 했다.

10.6 빅데이터

10.6.1 빅데이터의 개요

(1) 빅데이터란

디지털 시대에서 다양한 멀티미디어 콘텐츠 증가, SNS 서비스의 확산, 다양한 스마트 기기에 대한 이용 확대 등에 따라 새롭게 생성되고 유통되면서 기하급수적으로 생성되는 데이터를 말한다.

(2) 빅데이터 환경의 특징

SNS 를 이용하는 사람들이 급증하면서 매일 대규모의 소셜데이터가 생성되고 이 데이터에는 사용자의 자발적인 의지가 담긴 개인정보가 담겨 있어 활용가치가 크다

스마트폰과 태블릿PC 의 빠른 확산으로 실시간으로 스마트기기 이용정보와 함께 개인의 위치정보까지 수집되면서 기업의 마케팅 분야에서 데이터의 활용도가 날로 증가하고 있다.

M2M(사물지능통신 : Machine to Machine) 또는 NFC(근거리 무선통신) 등이 주변 건물에 설치되면서 이용자들이 직접 데이터를 생성하지 않아도 주변에 설치된 장비가 스스로 다량의 데이터를 지속적으로 생성하기도 한다.

10.6.2 빅데이터의 특징

- 데이터 규모가 방대하다.

- 생성 주기가 짧다.

- 형태가 다양하다 - 수치 데이터뿐 아니라 문자와 영상데이터를 포함한다.

- 비정형의 데이터이다.

- 소프트웨어 측면에서 오픈 소스를 활용한 광범위한 데이터 분석이 가능해졌다.

- 하드웨어 측면에서 클라우드 컴퓨팅 기술을 이용해 데이터를 저장할 수 있어 데이터 웨어하우스를 매우 저렴하게 이용할 수 있다.

10.6.3 빅데이터 시장 현황

시장 분석 기관 IDC 는 전 세계 빅데이터 시장이 2010년 32억 달러에서 2015년 169억 달러, 2017년에는 534억 달러로 급증할 것으로 전망하였다.

빅데이터 시장의 성장과 더불어 의료, 공공, 행정 부문, 개인 위치정보 등에서 빅데이터 활용에 따른 경제적 효과도 매우 높다.

(1) 구글

빅데이터를 이용하여 검색창에서 발열, 기침 등의 검색 빈도로 독감 유행수준을 파악하는 '구글 독감 트렌드 서비스'를 제공하였다.

구글이 클라우드 기반의 빅쿼리 서비스를 제공하고 기업들이 '빅쿼리'를 이용하여 별도의 인프라 투자 없이 클라우드 환경에서 빅데이터 분석업무 수행이 가능하도록 지원하고 있다.

> **TIP**
>
> **빅쿼리**
> 빅쿼리는 1GB당 12센트 수준의 저렴한 월 요금으로 최대 2TB의 클라우드 데이터를 분석할 수 있다.

(2) 아마존

고객의 검색어와 도서 구입 패턴 분석을 통해 이전에 특정 도서를 구입한 사람이 어떤 관련 도서 등을 구입했는지 추천하였다.

(3) 이베이

이용자의 구매 이력과 소셜미디어 활동 내용 등을 분석하여 지인을 위한 선물을 추천하였다.

(4) 미국 FBI

FBI의 종합 DNA 색인 시스템(CODIS)을 통한 신속한 범인 검거

(5) 미국 시티은행

빅데이터 분석을 통한 대출 심사 정확도 제고

(6) 대만

고속 전철 센서 빅데이터 분석으로 고장 예측 및 정시 출발 비율의 획기적 개선

10.6.4 국내 빅데이터의 한계

국내 기업의 빅데이터 시스템 도입은 2014년 3.9%에서 2015년 4.3%로 소폭 상승했는데 이는 글로벌 기업의 빅데이터 비중이 약 30%대 라는 것과 많이 비교된다.

(단위: 선택 빈도-중복 응답)

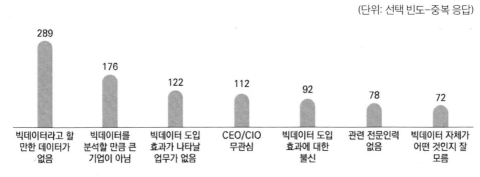

[한국정보화진흥원, 2015년 빅데이터 시장현황조사, 2015]

그림 4 빅데이터 미도입 이유

국내 분야별 빅데이터 기술 수준[6]을 보면, 국내 빅데이터의 데이터 수집, 처리 및 저장 기술은 높은 기술을 보유하고 있으나 상대적으로 대용량 데이터를 분석하고 거래하는 서비스 수준이 많이 낮다.

⬚ 국내 빅데이터 비활성화 이유

- 국내에서는 개인정보 보호법으로 개인 정보 제한이 많다.

- 핵심적 공공 데이터 이용이 불가능하다.

- 서비스 부문의 기술 공유 상황이 전무하다

10.6.5 빅데이터의 위험

- 개인의 취미,기호, 건강상태, 거주지, 콘텐츠 구매 이력 등 개인의 프라이버시에 해당하는 민감한 자료들이 광범위하게 취합되고 있다.

- 고객에게 맞춤형 서비스를 제공하기 위해서는 더욱 정밀한 고객 데이터가 필요하고 온라인과 오프라인의 데이터를 조합할 경우 개인의 취향, 상태에 대한 분석이 가능해 특정 업체가 개인의 이력 정보를 보유할 가능성이 높아진다.

- 특정 업체가 합법적으로 데이터를 취득했다 해도 취득한 데이터가 타 업체에게 활용되는 것은 문제가 될 수 있다. 즉, 이용자 동의 하에 데이터가 취합되었다 해도 데이터 유통에 따른 프라이버시 문제가 발생할 수 있다.

- 블로그나 커뮤니티 서비스를 통해 축적된 데이터의 소유권에 대해 포털 서비스 업체와 이용자간에 분쟁이 발생할 수 있다.

---

6) 2015 빅데이터 시장현황조사, 한국정보화진흥원

❀ 빅브라더

정보의 독점으로 사회를 통제하는 관리 권력, 혹은 그러한 사회체계를 일컫는 말[7] 로서 사회학적 풍자로 유명한 영국의 소설가 조지 오웰(George Orwell)의 소설에서 비롯된 용어이다.

긍정적의미로는 선의의 목적으로 사회를 돌보는 보호차원의 감시를 의미

부정적의미로는 합법적으로 수집한 정보를 독점하여 권력을 남용한다는 의미이다.

● 빅브라더 시상식

매년 미국, 일본 등 20여 개 나라에서 정부나 기업이 정보통신기술로 사생활을 침해하는지에 대해 시민의 눈으로 감시하기 위해 시민 사회단체가 주관하는 행사

---

7) 두산백과 정의 참조

1. 디지털 융합

- 기존의 IT 제품이나 서비스가 서로 결합하여 새로운 상품이나 서비스로 재 탄생하는 현상을 말하는 것.
- 인터넷을 기반으로 산업과 산업이 융합하는 것을 의미한다.
- 예) IPTV, 스마트TV

2. 방송통신 융합서비스

- 방송과 통신 서비스에서의 "서비스 융합"과 방송망과 통신망이 결합된 "망의 융합", 그리고 방송사업과 통신 사업의 경계가 허물어지는 "기업의 융합" 등이 있다.

3. 스마트홈

- '조명, 난방, 보안 , 가전 등을 원격으로 스마트폰과 컴퓨터로 제어할 수 있는 전자 설비 기기가 구축되어 생활 편의를 제공하는 주거 공간'

4. 웨어러블 디바이스

- 신체의 일부에 부착하여 착용자의 신체정보나 또는 주변 환경정보등의 데이터를 실시간으로 수집할 수 있는 단말장치이다.

5. 핀테크의 발전 배경

- 글로벌 금융 위기 – 비효율성, 보안위기, 까다로운 금융 절차
- IT 기술의 IoT 로의 혁신적 진화
- 스마트 모바일 기기의 급격한 보급

6. 페이팔

- 에스크로(escrow) 서비스를 기본 개념으로 한 온라인 지급결제서비스이다.
- 온라인 구매시 상품을 구매자가 구매 의사를 밝히면 제3자(페이팔)가 대금을 받아 가지고 있다가 구매자가 상품을 수령하고 물품을 확인한 후 판매자가 대금을 받는 방식

7. 빅이터의 특징

- 데이터 규모가 방대하다.
- 생성 주기가 짧다.
- 형태가 다양하다 – 수치 데이터뿐 아니라 문자와 영상데이터를 포함한다.
- 비정형의 데이터이다.

EXERCISE

1. 다음 지문에서 설명하는 내용의 공통점이라 할 수 없는 것은?

> • "모바일 메신저로 가전제품과 소통하는 홈챗을 출시
> • 스마트폰 앱을 통해 가정 내 생활기계의 상태를 확인
> • 호텔 체크인 전 에어컨을 켜둠"

① 사물인터넷   ② 융합

③ IoT   ④ HMD

2. 방송통신융합의 예를 세 가지 나열하시오.

3. 다음 중 설명하는 것이 다른 하나는 무엇인가?

① 초고속 인터넷을 이용하여 정보, 동영상 및 방송 등을 텔레비전을 통해 이용한다.

② 인터넷과 텔레비전의 융합 서비스라 할 수 있다.

③ VOD 영화 감상, 홈쇼핑, 온라인 게임, 등 쌍방향 서비스를 제공받을 수 있다.

④ '조명, 난방, 보안 , 가전 등을 원격으로 스마트폰을 이용하여 제어할 수 있다.

4. 다음 중 IPTV의 특징이 잘 못 설명된 것은 무엇인가?

① 침체된 유료 방송 시장의 활성화를 도모한다.

② 그릇된 콘텐츠 경쟁을 일으킬 수 있다.

③ 단방향TV에서 쌍방향 TV로 변화한다.

④ 시간에 구애받지 않고 시청 가능

5. 다음 중 인터넷 융합을 의미하는 것과 거리가 먼 것은?

① 스마트홈   ② IPTV

③ 웨어러블 디바이스   ④ WiFi

6. 웨어러블 디바이스의 해결해야할 과제라 볼 수 없는 것은?

① 기기의 기능보다는 패션에 더 치중해야 한다.

② 사이즈가 소형이어야 한다.

③ 배터리를 장시간 유지 할 수 있어야 한다.

④ 무게가 몸에 지니고 다니기에 가벼워야 한다.

7. 다음 중 핀테크에 대한 설명이 틀린 것은?

① Finance(금융)와 Technology(기술)의 합성어이다.

② 첨단 IT 기술 기반 금융서비스라 송금 수수료율이 높다..

③ 금융 산업의 효율성을 높이기 위함이다.

④ 금융과 IT의 융합 서비스이다.

8. 다음 중 빅데이터의 사례가 아닌 것은 ?

① 발열, 기침 등의 검색 빈도로 독감 유행수준을 파악하는 서비스

② NFC와 마그네틱 보안 전송방식을 지원하는 결제 서비스

③ 도서 구입 패턴 분석을 통해 이전에 특정 도서를 구입한 사람이 어떤 관련 도서 등을 구입했는지 추천하는 서비스

④ 이용자의 구매 이력과 소셜미디어 활동 내용 등을 분석하여 지인을 위한 선물을 추천하는 서비스

9. 핀테크의 발전을 유발하는 배경으로 적당하지 않은 것은?

① 스마트 모바일 기기의 급격한 보급

② 글로벌 금융의 비효율성이나 보안위기

③ 디지털 기술의 성장으로 인한 기하급수적으로 생성되는 데이터

④ IoT(사물인터넷) 로의 혁신적 진화

10. SNS 이용자가 급증하면서 글로벌 빅데이터 시장은 폭발적으로 증가하고 있는 반면, 우리나라의 경우 상대적으로 빅데이터 시장의 활성화가 저조한 이유로 적당하지 않은 것은?

① 국내에서는 개인정보 보호법으로 개인 정보 제한이 많다.

② 빅데이터의 데이터 수집, 처리 및 저장 기술이 높지 않다.

③ 핵심적 공공 데이터 이용이 불가능하다.

④ 서비스 부문의 기술 공유 상황이 전무하다

EXERCISE

정답			
1.	④	**6.**	①
2.	DMB, IPTV, 스마트TV	**7.**	②
3.	④	**8.**	②
4.	②	**9.**	③
5.	④	**10.**	②

인터넷의 이해와 웹서비스의 활용

인터넷 침해사고 및 개인정보보호

학습목표

- 인터넷 침해사고의 유형에 대해 살펴볼 수 있다.
- 인터넷 침해사고 대응 방법에 대해서 학습할 수 있다.
- 인터넷상에서 개인정보보호를 위한 방법에 대해 이해할 수 있다.

11.1 인터넷 침해사고

11.1.1 인터넷 침해사고 유형

(1) 바이러스

불특정 다수에게 피해를 주기 위한 목적으로 컴퓨터 프로그램이나 메모리에 자신 또는 자신의 변형을 복사해 넣는 방식으로 다른 컴퓨터를 감염시키는 컴퓨터 프로그램 또는 실행 코드이다.

(2) 스파이웨어

이용자의 동의 없이 정보통신기기에 설치되어 개인의 정보를 수집하거나 정보통신 시스템, 데이터 또는 프로그램 등을 훼손하여 정상 프로그램을 방해하는 악성프로그램이다.

이용자의 동의 없이 웹브라우저의 홈페이지 설정이나 검색 설정을 변경하기도 하고 실행 프로그램이 정상적으로 운영되지 못하도록 방해하거나 삭제한다.

또한 컴퓨터 키보드로 입력한 내용이나 모니터 화면에 표시된 내용을 수집하여 타 컴퓨터로 전송한다.

(3) 애드웨어 (Adware)

무작위로 사용자의 컴퓨터에 광고성 팝업 창을 띄운다.

사용자가 의도하지 않아도 웹 브라우저의 초기화면을 특정사이트로 고정시킨다.

(4) Dos(Denial of Service)

시스템의 데이터나 자원을 사용자가 사용하는 것을 방해하는 행위로 주로 시스템에 과부하를 일으켜 시스템 사용을 방해하는 공격 유형이다.

스팸메일이 이에 해당한다.

(5) DDos(Distributed Dos_분산서비스거부) 공격

DoS용 에이전트를 시스템에 여러 개 설치하고, 이 에이전트를 제어하여 여러군데서 분산된 DoS 공격을 동시에 하여 엄청난 분량의 패킷을 동시에 보내 네트워크의 성능 저하나 시스템 마비를 가져오게한다.

공격자가 누군지에 대한 추적 및 공격트래픽의 차단이 어렵다.

(6) 피싱(Phishing)

정상적인 웹서버를 해킹하여 위장사이트를 개설한 후, 인터넷 이용자들이 위장된 사이트로 방문하게 하고 사용자의 금융정보 등을 빼내는 신종사기수법으로 Bank Fraud, Scam이라고도 한다.

(7) 스미싱(smishing)

문자메시지(SMS)와 피싱(Phising)의 합성어로 악성 앱 주소가 포함된 휴대폰 문자(SMS)를 대량으로 전송 후 이용자가 악성 앱을 설치하도록 유도하여 금융정보 등을 탈취하는 신종 사기 수법이다.

(8) 좀비(Zombie)PC

본인도 모르게 자신의 컴퓨터가 해커의 원격 조종으로 스팸을 발송하거나 DDoS공격을 수행하도록 설정된 컴퓨터나 서버를 말한다.

봇(Bot)이라 불리는 해킹 프로그램에 감염되면 감염된 컴퓨터는 다른 사람에 의해 원격 조종될 수 있다.

봇에 감염된 PC는 피해자가 피해 증상을 눈치 채지 못하는 사이 스팸메일 및 불법 프로그램을 타 컴퓨터로 유포하고, 정보를 유출하는 행위에 이용되게 된다.

(9) 랜섬웨어

몸값(Ransome)과 소프트웨어(Software)의 합성어로 시스템을 잠그거나 데이터를 암호화해 사용할 수 없도록 하고 이를 인질로 금전을 요구하는 악성 프로그램을 말하며 신뢰할 수 없는 사이트, 스팸메일, 파일공유 사이트를 통해 유포된다.

11.1.2 인터넷 침해 대응 동향

(1) 2011년 '감염PC 사이버치료체계' 서비스를 본격적으로 시작

좀비PC 에게 감염사실을 알려주고 치료용 백신을 제공하여 DDoS 공격에 악용되는 것을 예방하기 시작하였다.

(2) 인터넷침해사고대응센터 운영

KISA보호나라&KrCERT(www.boho.or.kr)를 운영하여 인터넷 침해사고에 대응하고 있다.

- 24시간 365일 인터넷 트래픽을 모니터링
- 보안위협에 대한 정보를 수집, 분석하여 조치
- 국내,외 유관 기관과 공조 체계를 구축

(3) 악성코드 은닉 홈페이지 탐지 및 대응

악성코드가 숨겨져 있는 홈페이지를 방문하여 악성코드에 감염되는 것을 방지하기 위해 국내 250만 개 도메인에 대해 악성코드 은닉 여부를 점검

악성코드가 탐지된 홈페이지는 해당 사실을 운영자에게 알리고 웹 서버의 보안 강화 조치를 요청

(4) 감염 PC 사이버 치료체계 구축 운영

2011년부터년 '감염PC 사이버치료체계' 서비스를 본격적으로 시작

침해사고에 악용되어 공격을 유발하는 PC 이용자에게 감염사실을 통보하고 맞춤형 전용 백신을 제공

2014년에는 총 67종의 전용 백신을 제작, 배포하였다.

(5) 피싱, 파밍, 스미싱 등 전자금융사기 대응 강화

대부분의 파밍 사이트가 주로 해외에 위치하여 ISP의 협조를 통해 국내에 위치한 서버 주소임에도 해외사이트로 접속하는 트래픽을 차단하는 '파밍 사이트 접속 차단 서비스'를 구축하여 운영하고 있다.

스미싱으로 인한 피해 최소화를 위해 한국인터넷진흥원은 2014년 1월부터 스미싱 대응 체계를 구축하여 운영하고 있다.

전화번호 도용 문자 차단 서비스 대상을 '개인'으로 확대

(6) 모바일 악성코드 대응 및 스마트폰 보안 강화

모바일 악성코드는 2012년 17건에 불과했던 것에 비해 2013년에는 2,351건, 2014년에는 4,048건으로 대폭 증가하였다.

'스마트폰 보안 전문가 자문단' 운영 – 미래창조과학부와 한국인터넷진흥원이 운영하고 이동통신사, 스마트폰 제조사, 백신 및 보안 솔루션사, 모바일 애플리케이션 개발사 등이 참여했다.

국내 제조사의 모든 스마트폰 발매 시 스미싱 차단 애플리케이션을 기본으로 탑재하도록 하였다.

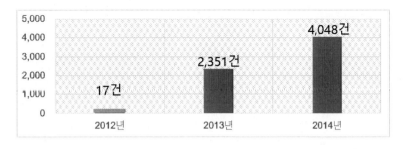

그림 1 모바일 악성 코드 발생 건수

11.2.1 인터넷 침해사고 일반적 대응 지침

자신이 이용하는 운영체제의 최신 보안업데이트를 주기적으로 실행한다.

공인 받은 백신 S/W를 설치하여 실시간 감시 기능을 활성화시킨다..

인터넷상에서 파일을 다운로드 받을 때는 반드시 바이러스 점검을 먼저 한다.

발신처가 분명하지 않은 메일은 열지 말고 바로 삭제한다.

데이터와 프로그램을 따로 분리 저장하여 컴퓨터 감염 시 데이터를 복구할 수 있도록 한다.

> **TIP**
>
> 한국인터넷진흥원에서 인터넷 이용자들이 인터넷 침해사고(해킹, 바이러스 등) 및 불법 스팸, 개인정보침해 사고를 예방하고 대응할 수 있도록 유용한 정보 및 콘텐츠를 알기 쉽게 제공하는 포털사이트인 보호나라(http://www.boho.or.kr)를 운영하고 있다.

11.2.2 스미싱 대응

악성앱을 설치하기 위한 인터넷주소(URL)가 문자메시지에 포함되어 가짜사이트인 피싱사이트로 연결된다.

가짜 인터넷주소는 단축서비스를 이용하여 이용자가 웹사이트 정보를 알기 어렵고 정상적인 사이트와 매우 유사하게 모방되어 있다.

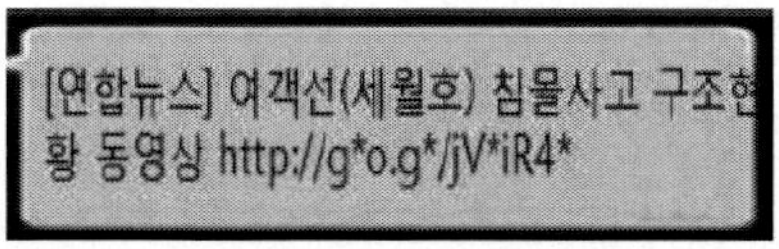
[연합뉴스] 여객선(세월호) 침몰사고 구조현
황 동영상 http://g*o.g*/jV*iR4*

그림 2 단축 URL 사용 예시

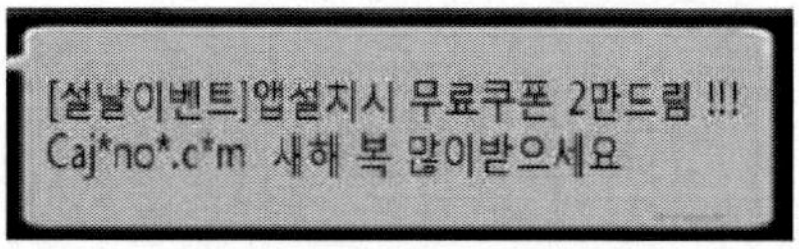
[설날이벤트]앱설치시 무료쿠폰 2만드림 !!!
Caj*no*.c*m 새해 복 많이받으세요

그림 3 일반 도메인 악용 예시

출처: http://www.krcert.or.kr/cyber/smishing.do

(1) 관심을 유도하는 대표유형의 문자사례

대표유형	사례이미지
지인 사칭 유형	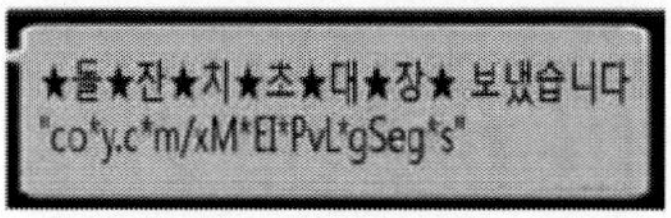★돌★잔★치★초★대★장★ 보냈습니다 "co*y.c*m/xM*El*PvL*gSeg*s"
택배 사칭 유형	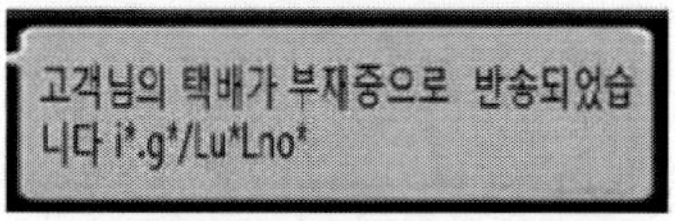고객님의 택배가 부재중으로 반송되었습 니다 i*.g*/Lu*Lno*
공공기관 사칭 유형	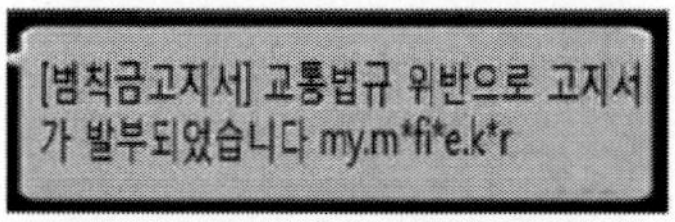[범칙금고지서] 교통법규 위반으로 고지서 가 발부되었습니다 my.m*fi*e.k*r
사회적이슈 유형	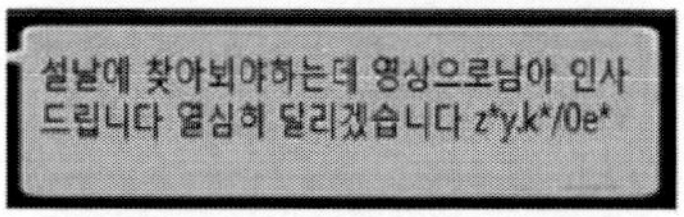설날에 찾아뵈야하는데 영상으로남아 인사 드립니다 열심히 달리겠습니다 z*y.k*/0e*
기타 유형	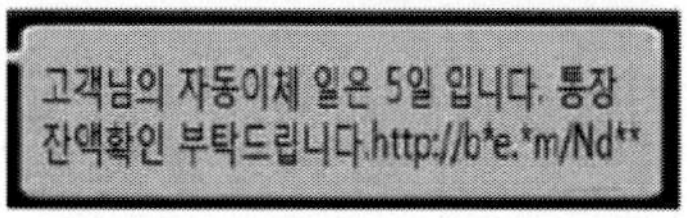고객님의 자동이체 일은 5일 입니다. 통장 잔액확인 부탁드립니다.http://b*e.*m/Nd**

출처: http://www.krcert.or.kr/cyber/smishing.do

(2) 스미싱 피해 시 대응 방법

① 악성 애플리케이션 삭제하기

모바일 백신으로 악성앱 삭제 - 문자메시지에 포함된 인터넷주소를 클릭하는것 만으로 악성코드에 감염되지는 않고 첨부된 인터넷주소를 통해서 특정 애플리케 이션을 설치했다면 악성코드 감염을 의심해야한다.

② 악성 애플리케이션 설치 파일(APK) 삭제하기

스마트폰에 악성앱이 설치되기 위해서는 해당 악성앱을 설치하는 설치 파일(APK 파일)이 필요하다. 스미싱 문자메시지에서 인터넷주소를 클릭하면 APK 파일이 다운로드되고, 해당 APK 파일을 실행하면 악성앱이 설치된다.

악성앱 뿐만 아니라 해당 APK 파일까지 삭제해야 추후 악성앱이 재설치 될 가능 성을 예방할 수 있다.

APK 파일은 스마트폰에 기본적으로 설치되어 있는 '파일관리자', '내파일' 등 파 일관리 애플리케이션에서 'Download 폴더'를 확인하여 삭제가 가능하다.

③ 공인인증서 폐기 및 재발급 하기

악성앱에 감염되었던 스마트폰으로 모바일 금융서비스를 이용했다면 공인인증 서, 보안카드 등 금융거래 정보가 유출되었을 가능성이 있다.

2차 피해 발생을 막기 위해 공인인증서외에 금융 거래에 필요한정보를 사진, 메 모장에 기록했다면 폐기처분하고 재발급받아야 한다.

11.2.3 랜섬웨어

(1) 감염 경로

✳ 신뢰할 수 없는 사이트

음란물, 무료 게임 사이트 등 보안 관리가 미흡한 사이트를 방문하는 것만으로도 감염될 수 있다.

✳ 스팸메일

출처가 불분명한 이메일 수신시 첨부파일이나 URL 링크를 통해 악성코드를 유포할 수 있다.

✳ 파일공유 사이트

'토렌토' 같은 p2p 사이트에서 동영상파일을 다운받아 실행시킬 경우 감염될 수 있다.

(2) 랜섬웨어의 예

✳ 록키(Locky)

이메일을 통해 Invoice, Refund 등의 제목을 이용해 유포되었다.

압축파일들을 첨부하고 이를 실행 시 랜섬웨어에 감염된다.

록키 랜섬웨어에 감염되면, 파일들이 암호화되고, 확장자가 .locky로 변한다.

(3) 랜섬웨어 피해 시 대응 방법

복구 도구 툴을 사용한다.

(4) 카스퍼스키 랜섬웨어 복구 프로그램

http://news.kaspersky.co.kr/news2015/10n/151029.htm

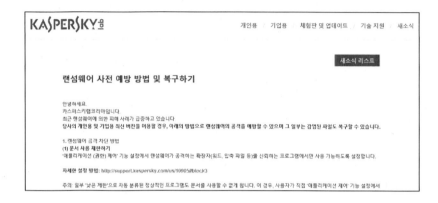

(5) 알약 랜섬웨어 복구 프로그램

http://www.alyac.com/ransomware_protection/

http://www.estsecurity.com/ransomware

(6) 안랩 랜섬웨어 복구 프로그램

http://www.ahnlab.com/kr/site/securityinfo/ransomware/index.do

11.2.4 DNS 싱크홀 대응

악성봇에 감염된 PC를 해커가 조종하지 못하도록 악성봇과 해커의 명령/제어 서버 간 연결을 차단하도록 '보호나라'에서 제공하는 서비스이다.

악성봇이 명령/제어 식별정보중 도메인을 사용하는 경우, 응답 IP주소를 싱크홀 서버로 변경하는 방법이다.

자체 DNS 서버를 운영하는 민간 기관을 대상으로 제공된다.

(1) 이용절차

- 신청서를 보호나라에서 다운로드받아 작성

- DNS 싱크홀 담당자 메일로 신청서를 보냄

- DNS 싱크홀 담당자가 신청서를 통해 적격 심사

- 적격 심사 후 서비스 가입 통보 및 DNS 싱크홀 적용가이드 제공

(2) DNS 싱크홀 적용 후

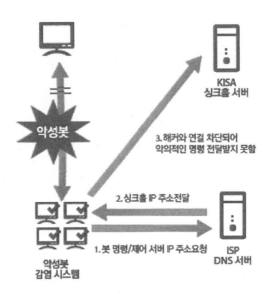

출처: http://www.boho.or.kr/webprotect/dnsSinkhole.do

11.2.5 PC 원격 점검

개인의 PC가 악성코드, 바이러스 등에 감염되었을 때 이용자 스스로가 검사, 치료하기 어려운 경우 KISA 보호나라에서 감염된 PC에 원격으로 접속하여 악성코드, 바이러스 등을 무료로 제거해준다.

단, 점검 대상은 가정용 개인 PC에 한한다.

11.2.6 사이버 대피소 대응

사이버대피소는 피해 웹사이트로 향하는 DDoS 트래픽을 대피소로 우회하여 분석, 차단함으로써 PC가 정상적으로 운영될 수 있도록 보호나라에서 운영하는 서비스이다.

이 서비스는 중소기업을 대상으로 하는 무료지원 서비스이다.

사전 등록을 해 놓으면 DDos 공격 발생시 바로 방어 서비스가 적용된다.

사전 미등록 웹사이트의 경우는 DDos 공격 발생 이후 적격 심사 및 서비스환경분석을 거쳐 등록이 된 후에 방어 서비스가 적용된다.

11.3.1 개인정보 침해 유형

- 사업자의 관리소홀로 개인정보가 유출된 경우

- 사업자가 동의없이 개인정보 목적 외 이용 및 제 3자에게 제공한 경우

- 사업자가 개인정보를 무단 수집하여 텔레마케팅 목적으로 이용한 경우

- ID 및 비밀번호 도용으로 게임 아이템, 사이버머니, 캐릭터 등을 도난당한 경우

- 주민등록번호 도용으로 웹사이트에 회원가입이 되지 않거나 경제적인 피해를 입은 경우

11.3.2 개인정보 침해 현황

2014년 개인정보가 침해당했다고 신고 접수된 건수는 총 15만 8,900건으로 조사되었다.

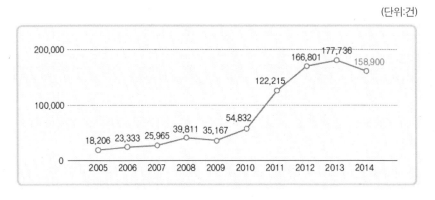

그림 4 연도별 개인정보 침해 신고, 상담 접수 현황

출처: 2015 한국인터넷백서. 한국인터넷진흥원

전년도에 비해서는 조금 낮아진 수치인데 이는 2014년 8월부터 개인정보보호법이 시행되어 모든 공공기관 및 민간 사업자 등 사회 전 분야의 불필요한 주민등록번호 수집이 금지되어 '주민등록번호 클린센터'로 민원이 집중되었기 때문인 것으로 파악 된다.

11.3.3 인터넷 이용자의 개인정보보호 실태조사

2014년 한국인터넷진흥원의 정보보호실태조사에 의하면, 인터넷 사이트에서 수집하는 개인정보 내용의 적절성에 대해 약 77.3%가 과도하다고 답하였다.

개인정보 침해 경험 여부에서는 10.7% 가 경험한 것으로 답하였다.

인터넷 이용자의 비밀번호 변경 횟수에 대해 1년에 1회 이하는 25.4%, 6개월에 1회 는 35.0%, 3개월에 1회 이상은 39.6% 로 답하였다.

(단위:%)

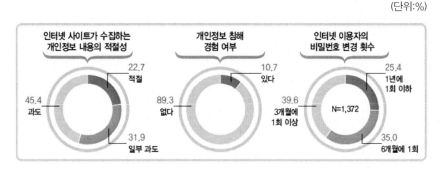

그림 5 인터넷 이용자 개인정보보호 관련 설문 조사 결과

출처: 2014 정보보호실태조사 개인 부문. 한국인터넷진흥원

11.4 정보관리자의 정보보호 대응

(1) 사이버 윤리 교육

정보를 제공하는 측에서 악의적 성향이 있는 내부 스파이나 사이버 사기 등의 범죄로부터 자신들이 다루고 있는 개인정보를 보호하기 위한 대응교육과 윤리 교육을 철저히 해야 한다.

(2) 안전한 암호화 설계

웹사이트 설계 시 기업과 개인의 모든 정보가 담긴 데이터베이스에 대한 암호 설계를 철저히 하여 해킹 등으로부터 원천 차단되어야 한다.

(3) 안전한 인증 관리

유해정보의 무분별한 접근 허용으로 청소년들의 폐해가 증가하고 있다.

처음 로그인 인증으로 접속한 후 중간 페이지에 대해서는 별도의 URL로 접근할 수 있어 권한이 없는 외부로부터 차단되어야 할 페이지가 오픈 되는 사례를 방지해야 한다.

(4) 안전한 세션관리

최근 공공 장소에서 PC를 사용하면서 개인정보가 누출되는 사례가 늘어나고 있다.

웹사이트 개발자는 세션 정보 관리 시 필요 이상의 개인 정보를 서버나 클라이언트 측에 저장하지 않도록 해야 한다.

11.5 인터넷 이용자의 정보보호 대응

11.5.1 Windows 방화벽 사용

(1) Windows 방화벽이란

방화벽은 인터넷 또는 네트워크에서 들어오는 정보를 확인한 다음 방화벽 설정에 따라 이를 컴퓨터로 전달하는 것을 차단하거나 허용하는 소프트웨어 또는 하드웨어이다.

컴퓨터의 정보 보안을 위해 불법으로 접근하는 것을 차단하고 사용자 컴퓨터에서 다른 컴퓨터로악성 소프트웨어를 보내지 못하도록 방지할 수도 있다.

기업이나 조직의 전용 통신망에 불법 사용자들의 접근을 막고 조직의 중요한 정보가 불법으로 외부에 유출되는 것을 방지하기 위한 효과적인 방법이다.

(2) Windows 방화벽 사용

제어판 −[시스템 및 보안]− [Windows 방화벽] − [Windows 방화벽 설정 또는 해제]− Windows 방화벽 사용에 체크한다.

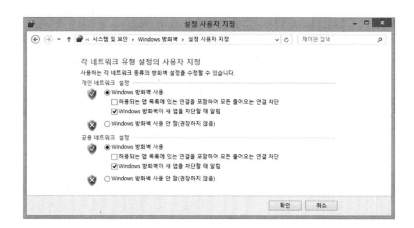

11.5.2 인터넷 익스플로러11에서 개인 정보 보안 설정하기

(1) 쿠키 설정

① [도구] – [인터넷 옵션] – [개인 정보]

인터넷 사이트에 따른 쿠키의 차단 여부를 결정하여 개인 정보를 보호할 수 있다. 개인 정보 보호 정책이 없는 타사의 쿠키를 차단하고 사용자의 동의 없이 사용자에게 연락하는 데 사용할 수 있는 타사의 쿠키를 차단한다.

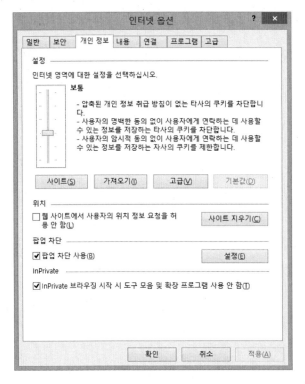

② [도구] –[인터넷 옵션]– [개인 정보] – [고급]

현재 사이트의 쿠키 허용 여부와 링크된 사이트의 쿠키 허용 여부를 선택할 수 있다.

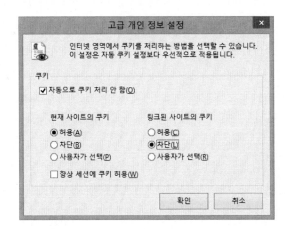

(2) 신뢰할 수 있는 사이트 설정

① [도구] –[인터넷 옵션]– [보안] – [신뢰할 수 있는 사이트] – [사이트]

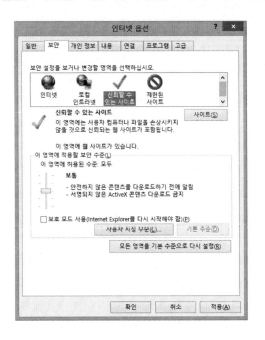

② 사용자 컴퓨터 및 파일 등을 손상시키지 않을 것으로 신뢰되는 웹 사이트를 추가하거나 제
거 한다.

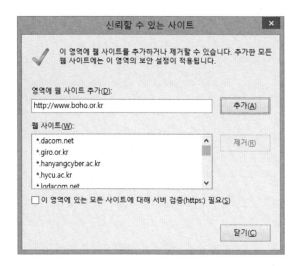

(3) 인터넷 보안 설정

[도구] – [인터넷 옵션] – [보안] – [인터넷] – [이 영역에 적용할 보안 수준] 선택

신뢰할 수 있는 사이트와 제한된 사이트 외의 인터넷 웹 사이트의 보안 수준을 설정한다.

안전하지 않은 콘텐츠를 다운로드하기 전에 알리고 서명되지 않은 ActiveX 컨트롤 다운로드를 금지한다.

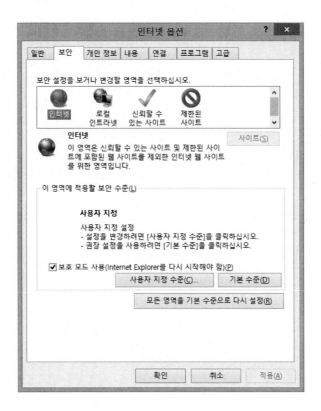

(4) 팝업 차단 설정

[도구] – [인터넷 옵션] – [개인 정보] – [팝업 차단]

대부분의 팝업 창을 열리지 않도록 차단하고 [설정]에서 팝업 창을 특별히 허용하고 싶은 사이트만 등록한다.

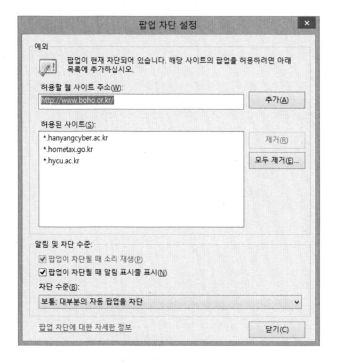

인터넷의 이해와 웹서비스의 활용

학습 정리

1. 인터넷 침해 사고 유형
- 바이러스 : 자신의 변형을 복사해 타인의 컴퓨터를 감염시키는 컴퓨터 실행코드
- 스파이웨어 : 웹 브라우저의 홈페이지 설정이나 검색 설정을 변경, 키보드로 입력한 내용이나 모니터 화면에 표시된 내용을 수집하여 전송한다.
- 애드웨어 : 무작위로 사용자의 컴퓨터에 광고성 팝업 창을 띄운다.
- DDos(Distributed Dos) 공격 : 시스템에 DoS용 에이전트를 여러 개 설치하고, 이 에이전트를 제어하여 보다 강력한 DoS 공격을 한다.
- 피싱(Phishing) : 위장 웹 사이트를 개설한 후, 사용자의 금융정보 등을 빼내는 신종사기 수법
- 스미싱(smishing) : 악성 앱 주소가 포함된 휴대폰 문자(SMS)를 대량으로 전송 후 이용자가 악성 앱을 설치하도록 유도하여 금융정보 등을 탈취하는 신종 사기 수법
- 좀비(Zombie)PC : 본인도 모르게 자신의 컴퓨터가 해커의원격 조종으로 스팸을 발송하거나 DDoS공격을 수행하도록 설정된 컴퓨터나 서버를 말한다.
- 랜섬웨어 : 시스템을 잠그거나 데이터를 암호화해 사용할 수 없도록 하고 이를 인질로 금전을 요구하는 악성 프로그램

2. 인터넷 이용자의 개인정보 보호
- 방화벽으로 차단 설정
- 팝업 차단
- 쿠키 차단
- 신뢰할 수 있는 사이트 설정
- 인터넷 영역 보안 수준 설정

3. 정보관리자의 정보보호 대응
- 사이버 윤리 교육
- 안전한 암호화 설계
- 안전한 인증 관리
- 안전한 세션관리

1. 정상적인 웹버를 해킹하여 위장사이트를 개설한 후, 인터넷 이용자들이 위장된 사이트로 방문하게 하고 사용자의 금융정보 등을 빼내는 개인정보 침해행위를 무엇이라 하나?

   ① 스파이웨어　　　　　　　　　　② 　바이러스

   ③ 좀비PC　　　　　　　　　　　　④ 　피싱(Phishing)

2. 인터넷 침해사고 대응방안으로 적절하지 않은 것은?

   ① 발신처가 분명하지 않은 메일은 열지 말고 삭제한다.

   ② 백신 S/W를 설치하여 실시간 감시한다.

   ③ 데이터와 응용프로그램을 함께 저장한다.

   ④ 운영체제의 최신 보안업데이트를 주기적으로 실행한다.

3. 다음 중 개인정보보호를 위한 인터넷 이용자의 대응책이 아닌 것은?

   ① 방화벽을 이용하여 인터넷 서비스나 프로그램의 사용을 선택적으로 차단한다.

   ② 개인정보가 담긴 데이터베이스는 철저히 암호화 설계한다.

   ③ 개인 정보보호정책이 없는 타사의 쿠키는 차단한다.

   ④ 신뢰할 수 있는 사이트를 설정한다.

4. 다음 중 인터넷 침해사고에 대한 설명이 틀린 것은?

   ① 스미싱 : 휴대폰 문자를 이용하여 악성 앱을 설치하도록 하여 금융정보를 탈취

   ② DDos 공격 : 에이전트를 제어하여 동시에 엄청난 분량의 패킷을 보내 시스템을 마비시킨다.

③ Dos : 컴퓨터 키보드로 입력한 내용이나 모니터 화면에 표시된 내용을 수집하여 타 컴퓨터로 전송한다

④ 애드웨어 : 무작위로 사용자의 컴퓨터에 광고성 팝업 창을 띄운다

5. 아래 지문에 나온 설명은 어떤 종류의 인터넷 침해사고를 의미하는가?

> "몸값(Ransome)과 소프트웨어(Software)의 합성어로 시스템을 잠그거나 데이터를 암호화해 사용할 수 없도록 하고 이를 인질로 금전을 요구하는 악성 프로그램"

6. 다음 중 개인정보보호를 위해 정부가 하고 있는 일이 아닌 것은?

① "보호나라"사이트에서 개인정보침해사고대응방안에 대한 콘텐츠를 제공한다.

② e콜센터☎ 118 운영

③ 개인정보노출 대응시스템 운영

④ 기업의 데이터베이스관리자 침해대응 및 윤리교육

7. 개인정보보호를 위한 정보관리자의 대응방안에 속하지 않는 것은?

① 웹 브라우저에서 쿠키와 팝업창을 차단한다.

② 청소년들의 유해한 사이트로의 무분별한 접근을 제어하도록 안전한 인증관리를 해야 한다.

③ 개인정보를 보호하기 위한 대응교육과 윤리 교육을 철저히 한다.

④ 필요이상의 개인정보가 컴퓨터에 남아있지 않도록 안전한 세션관리를 한다.

8. 인터넷 익스플로러11에서 개인정보 보호를 하기 위한 방법으로 적당하지 않은 것은?

① Windows 방화벽 ② 쿠키 설정

③ 신뢰할 수 있는 사이트 설정 ④ 팝업 차단 설정

9. 스미싱 피해 시 대응 방법으로 옳지 않은 것은?

① 공인인증서 폐기 후 재발급하기

② 악성 애플리케이션 설치 파일 삭제하기

③ 모바일 백신을 이용하여 악성 앱 삭제

④ Windows 방화벽이 새 앱을 차단할 때 알림

10. 다음 중 개인정보침해 유형에 대한 설명 중 틀린 것은?

① 바이러스는 자신의 변형을 복사해 컴퓨터를 감염시킨다.

② 스파이웨어는 이용자 동의 없이 홈페이지 설정을 변경시킨다.

③ 웜은 무작위로 사용자의 컴퓨터에 광고성 팝업 창을 띄운다.

④ DDos 공격은 시스템에 설치한 Dos용 에이전트를 제어해 공격한다.

정답			
1.	④	**6.**	④
2.	③	**7.**	①
3.	②	**8.**	①
4.	③	**9.**	④
5.	랜섬웨어	**10.**	③

클라우드컴퓨팅 서비스 활용

- 미래 인터넷 기술인 클라우드 컴퓨팅에 대해 살펴본다.
- 클라우드서비스인 Dropbox(드롭박스), 원드라이브(OneDrive, 구 SkyDrive), 네이버클라우드의 차이점을 익히고 사용법을 실습해본다.
- OneNote 사용법을 익힐 수 있다.

12.1 클라우드 컴퓨팅 서비스

12.1.1 클라우드 컴퓨팅의 개요

클라우드 서비스는 서버, 스토리지, 애플리케이션, 소프트웨어 등의 포괄적 IT 자원을 인터넷을 통해 이용자가 언제, 어디서나 온디맨드(ON-Demand)로 아웃 소싱하는 서비스라 할 수 있다.

국내에서는 클라우드 컴퓨팅, 클라우드 서비스 또는 클라우드 컴퓨팅 서비스등 다양한 용어로 혼용되어 사용되고 있으나 이 서비스의 목적은 모두 인터넷 기반 (cloud)의 컴퓨팅 기술이다.

클라우드 서비스에서는 사용자들이 지원되는 인터넷 기술 인프라 스트럭처에 대한 전문 지식이 없어도 또는 제어할 줄 몰라도 인터넷으로부터 이러한 서비스를 쉽고 편리하게 이용할 수 있다.

IEEE 에서는 클라우드 서비스에 대해 "정보가 인터넷 상의 서버에 영구적으로 저장되고 데스크탑이나 테이블 컴퓨터, 노트북, 휴대용 스마트 기기 등과 같은 클라이언트에는 일시적으로 보관되는 패러다임이다" 라고 정의하고 있다.

클라우드 서비스시대에는 IT 자원의 활용 방식이 기존의 "소유" 방식에서 "임대" 로 변화하고 있다.

클라우드 컴퓨팅을 사용하면 정보 입출력을 위한 키보드, 모니터 등 최소한의 인터페이스만 남기고 CPU, 스토리지, 응용프로그램 등은 모두 클라우드에 둘 수 있어 사용자의 구매, 운영 및 유지보수에 대한 걱정이 없다.

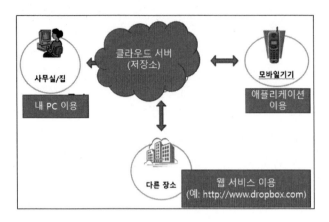

그림 1 클라우드 컴퓨팅 서비스 개요

12.1.2 클라우드 컴퓨팅 서비스 종류

(1) Dropbox(드롭박스)

* Dropbox, Inc.가 제공하는 클라우드 컴퓨팅을 이용한 웹 기반의 파일 공유 서비스이다.

* 2007년 하나 이상의 컴퓨터에서 작업하기 위해 자기 자신에게 파일을 이메일로 보내는데 싫증이 난 두 MIT 출신의 '드류 휴스턴(Drew Houston)과 아라시 페르도시(ArashFerdowsi) 가 벤처기업으로 시작했다.

* DropItToMe(드롭잇투미) : 다른 사람들이 내 계정에 파일을 업로드할 수 있게 해준다.

* BoxCryptor(박스크립토) : 드롭박스 계정에 업로드하는 파일을 자동 암호화해준다.

* Dropbox에 사진, 문서, 동영상, 파일을 모두 저장해놓고 사용중인 컴퓨터, 휴대폰 및 Dropbox 웹사이트에 자동으로 나타나 어디에서든 파일에 액세스할 수 있는 신개념의 클라우드 서비스이다.

- 쉬운 액세스 : 학교나 사무실에서 작성했던 문서를 집에 가는길에 휴대폰으로 수정하고 또 집에 와서 태블릿으로 마무리 할 수 있다.

- 편리한 공유 : Dropbox에서 파일을 공유시키면 초대된 가족이나 팀원의 컴퓨터에 마치 파일을 본인이 직접 저장한 것처럼 해당 폴더가 나타나게 된다.

- 안전한 보관 : 노트북에 실수로 커피를 쏟아도 휴대폰을 물에 빠뜨려도 내 자료는 안전하게 클라우드 Dropbox 저장되어 있어 자료를 잃어버릴 일이 없다.

(2) 원드라이브(OneDrive)

- 원래 이름은 "윈도 라이브 원드라이브"로 파일 호스팅을 담당하는 마이크로소프트윈도 라이브 서비스 가운데 하나이다. 사용자가 파일을 클라우드 저장 공간에 업로드하여 사용한다.

- 원드라이브(OneDrive)는 윈도 라이브 ID를 이용하여 파일을 업로드한다.

- 업로드한 파일은 연락처에 있는 사용자들과 공유하거나, 파일을 누구나 사용할 수 있게 만들 수도 있다. 누구나 사용할 수 있도록 공유한 파일들은 접근을 위해 윈도 라이브 ID를 요구하지 않는다.

- 2008년 말부터 무료서비스는 25 기가바이트로 서비스하다 2012년이후 신규 사용자를 대상으로 7기가바이트로 축소되었고 이후 5GB 서비스되고 있고 추가 용량은 구매를 통해 이용이 가능하다.

- 원드라이브 자체에서 텍스트를 포함하여 html, CSS, 자바스크립트, PHP 등을 작성할 수 있다,

- 무료 Office 지원 - 무료 Office Web Apps(오피스 웹 앱)으로 브라우저에서 Word(워드), Excel(엑셀), PowerPoint(파워포인트) 및 OneNote(원노트)를 사용할 수 있다.

- 윈도우 8, 8.1, 10 등의 마이크로소프트 윈도우에서 '원드라이브'를 사용자의 기본 저장 위치로 만들었다.

(3) Google Drive(구글 드라이브)[1]

- 구글에서 제공하는 웹기반 문서저작도구 겸 저장공간이다.

- 2012년 4월, 기존 구글 문서도구에 클라우드 스토리지 기능을 확장시키며 개편되었다

- 내파일을 내 마음대로 보관한다

  저장 용량(무료 15GB)을 Gmail. Google포토에서 같이 사용하므로 파일이나 이메일 첨부파일을 바로 저장하고 사진을 백업할 수 있다. Google포토의 경우 동영상이나 이미지는 무제한으로 업로드된다.

- 어떤 파일이든 보관한다.

  사진, 동영상, 프레젠테이션, PDF, 심지어 Microsoft Office 파일까지 파일 형식에 상

---

1) https://www.google.co.kr/intl/ko_ALL/drive/using-drive/

관없이 모든 파일을 드라이브에 안전하게 보관할 수 있습니다.

컴퓨터에 프로그램이 설치되어 있지 않아도 브라우저에서 HD 동영상, Adobe Illustrator, Photoshop 등 30여 종의 파일을 열 수 있다.

- 파일 공유

  사용자를 빠르게 초대하여 선택한 파일이나 폴더를 보고 댓글을 작성하고 수정할 수 있도록 할 수 있다.

  온라인 공동 작업이 간편해진다.

- 안전한 보관

  사용자의 스마트폰, 태블릿, 컴퓨터에 무슨 일이 생기더라도 드라이브에 모든 파일을 안전하게 보관한다. 드라이브는 Gmail 및 다른 Google 서비스에서 사용되는 보안 프로토콜인 SSL을 사용하여 암호화된다.

- 구글 제품과 연동

  구글의 강력한 검색기능으로 드라이브는 스캔한 문서에서는 텍스트를, 이미지에서는 개체를 식별할 수 있다.

  '에펠탑'과 같은 단어를 검색하면 그 단어가 포함된 텍스트 문서뿐만 아니라 실제 에펠탑의 이미지도 검색결과로 얻을 수 있다.

- 대부분의 파일 유형에서 최대 30일 전의 작업 기록을 확인할 수 있으므로 누가 파일을 변경했는지 쉽게 확인하고 이전 버전으로 복원할 수 있다.

- 파일을 오프라인에서 사용하도록 설정하면 기내 또는 신호가 약한 건물 내에 있어 휴대전화 서비스를 사용할 수 없는 경우에도 파일을 볼 수 있다.

- 영수증, 편지, 명세서 등의 종이 문서를 사진으로 찍으면 드라이브에서 즉시 PDF로 저장한다.

(4) iCloud(아이클라우드)

- 애플에서 제공하는 클라우드 컴퓨팅 서비스로 2011년 정식 서비스를 시작했다.

- 사용자의 음악, 사진, 응용 프로그램, 문서, 책, 연락처는 물론 애플의 이메일 서버와 캘린더를 클라우드 서버에 저장할 수 있도록 한다.

- 구매한 응용 프로그램이나 음악 파일등을 아이폰, 아이팟, 아이패드나, 맥 OS X, 마이크로소프트 윈도 운영체제의 컴퓨터 등의 다수의 장비에 다운로드 하며 공유할 수 있다.

- iCloud Drive 를 이용하여 내 PC에서 탐색기 환경으로 파일을 관리할 수 있다.

- '가족 공유' 기능으로 최대 6명의 가족 구성원끼리 사진, 캘린더뿐만 아니라 App Store에서 구입한 콘텐츠와 iBooks에서 다운로드한 책들도 공유할 수 있다. Apple Music 가족 멤버십에 가입하면 온가족이 Apple Music의 모든 음악을 함께 즐길 수 있다.

(5) 네이버클라우드

- 네이버에서 제공하는 클라우드 저장소

- 내PC에서나 스마트기기 또는 나만의 접속장치가 없을 때는 웹사이트에 접속해서 언제 어디서든지 원하는 파일을 바로 열어서 작업하고 저장하고 한번 저장 하면 마지막 저장된 상태로 또 다시 다른 장소, 다른 스마트기기로 접속해서 최신 저장된 상태의 파일을 볼 수 있다.

- 자동 동기화 기능을 이용해서 PC에서 지정한 폴더를 네이버클라우드와 동일하게 유지할 수 있고 최대 3대의 PC에서 동시에 자동동기화가 실행된다. 회사 팀단위 작업이나 학교에서의 팀프로젝트등을 할 때 공유폴더를 지정해서 실시간 동시 공유가 가능하다.

12.2.1 웹에서 Dropbox 사용하기

① pc에서 http://www.dropbox.com에 접속하여 먼저 회원에 가입한다.회원가입
   은 이름, 이메일 패드워드만 입력하는 간단한 과정이고 Email의 경우는 ID로 사
   용되므로 본인이 사용중인 이메일을 작성하는것이 좋다.

② 업로드한 사진을 타임라인(시간대)별로 구분해서 볼 수 있다.

③ 이벤트 기능이 있어 Dropbox에서 변경된 내용을 시간순으로 보여준다.

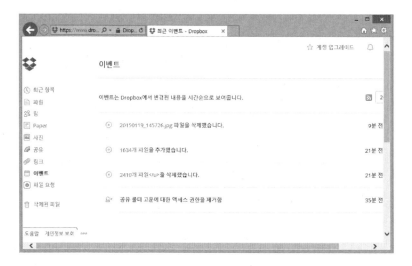

12.2.2 내 PC에서 Dropbox 사용하기

① http://www.dropbox.com 사이트에서 [데스크톱 앱] 을 클릭한다

② 'Dropbox 다운로드' 를 클릭한다.

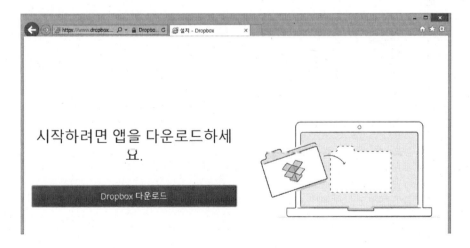

③ Dropboxinstaller.exe 를 실행시킨다.

④ 내 PC의 탐색기에 Dropbox 폴더가 생성된다.

내 PC의 탐색기에 생성된 Dropbox는 다른 폴더와 똑같이 이용 가능하고 한번
로그인해놓으면 매번 로그인하지 않아도 되는 편리함이 있다.

　인터넷의 이해와 웹서비스의 활용

원드라이브(OneDrive)

12.3.1 웹에서 OneDrive(원드라이브) 사용하기

① https://onedrive.live.com/about/ko-kr/ 한글 지원 사이트에 접속한다.

Microsoft 계정을 만든다.

원드라이브 웹사이트 또는 핫메일 사이트에서 로그인을 할수있다.

② 워드, 엑셀, 파워포인트 문서 등을 웹 앱(Web App)을 이용하여 편집하고 저장할 수 있다.

마이크로소프트 오피스 프로그램이 PC에 설치되어 있지 않아도 클라우드 서비스를 통해 웹에서 워드, 엑셀, 파워포인트 문서 작업을 할 수 있다.

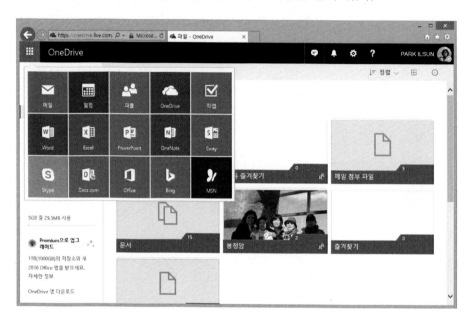

12.3.2 내PC에서 OneDrive(원드라이브) 사용하기

① 웹사이트(http://windows.microsoft.com/ko-kr/skydrive/download#apps) 에
접속해서 [다운로드]를 클릭한다

② 본인 PC 운영체제 환경에 맞는 OneDrive 를 다운받은 후 실행시킨다.

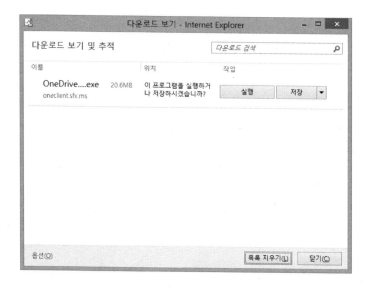

③ 다운받은 OneDriveSetup.exe 를 클릭하여 실행한다.

인터넷의 이해와 웹서비스의 활용

④ 로그인할 이메일 주소를 입력한 후 [로그인] 버튼을 클릭한다.

⑤ OneDrive 폴더를 지정할 수 있다. (다른 폴더를 원하면 [위치 변경]을 클릭하고 원하는 폴더를 선택한다.)

⑥ OneDrive 파일을 PC에 동기화시킨다. 동기화된 파일들은 오프라인 상태에서도 엑세스가 가능하다.

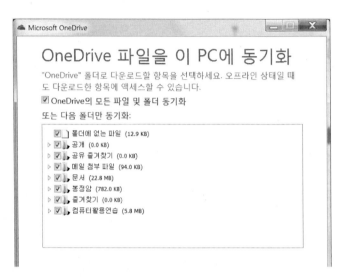

⑦ 무료 서비스외에 저장 용량을 늘이고 싶으면 유료로 업그레이드 할 수 있다. (계속 무료 서비스를 받으려면 'Basic 유지'를 클릭한다.)

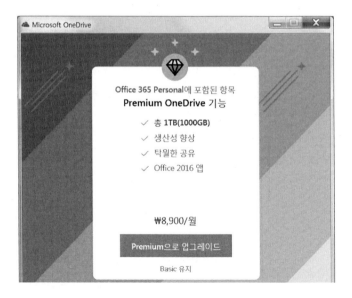

⑧ 설정이 모두 완료되었고 [내 OneDrive 폴더 열기] 를 클릭한다.

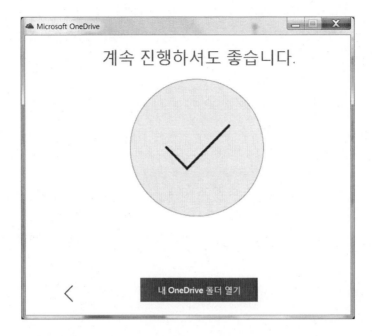

⑨ 내 PC 에 OneDrive 폴더가 생성되었다.

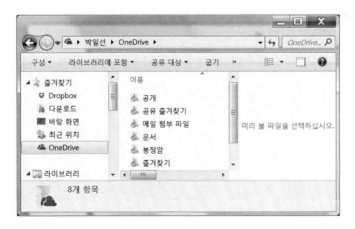

12.3.3 OneNote사용하기

원노트는 '마이크로소프트 오피스' 시리즈에 포함되어 있는 프로그램으로 pc에 인스톨되어 있는 원노트에서 뿐만 아니라 웹에서도 '온라인 원노트'를 사용할 수 있다.

원드라이브 계정으로 함께 사용할 수 있다.

원노트는 일종의 '전자 필기장'으로 언제 어디서나 쉽게 노트처럼 문서 작성이 용이하다.

수업 노트, 회의 기록, 여행 일지 등을 쉽고 편리하게 작성할 수 있다.

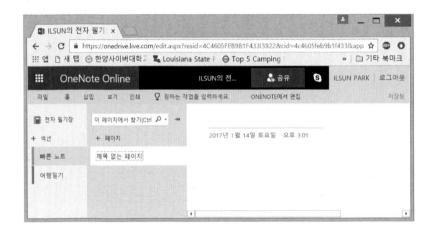

인터넷의 이해와 웹서비스의 활용

- 문서 구성이 쉽고, 검색, 목록, 프로젝트 작업등에 유용하다.

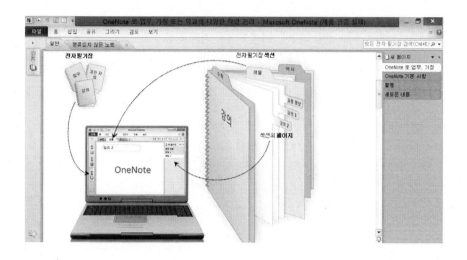

- 자동 동기화로 오프라인 상태에서도 편집할 수 있다.

- 어떤 디지털 디바이스라도 원노트에 엑세스 할 수 있다.

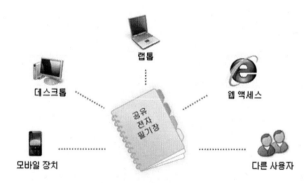

- 웹에서 기사 수집이 용이하다.

- 뉴스, 연구, 견적 등 다양한 내용을 수집하며, 원본과의 링크를 보존한다.

12.4 네이버클라우드

12.4.1 웹사이트에서 네이버클라우드 사용하기

① 웹브라우저에서 http://cloud.naver.com에 접속한 후 로그인을 해서 사용할 수 있다.

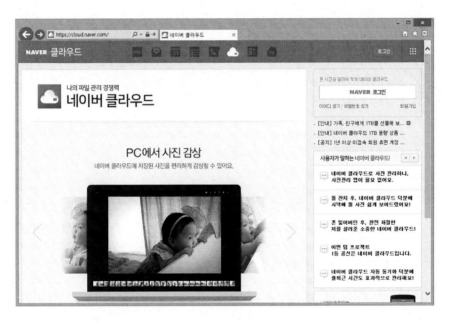

② 네이버클라우드는 왼쪽에 사진, 동영상, 문서, 음악, 폴더 형식의 카테고리가 있
어 파일을 종류별로 쉽게 찾을 수 있다.

③ 내 PC에 오피스 프로그램이 없어도 네이버 웹 오피스를 이용하여 문서(워드, 셀, 슬라이드, 폼) 편집 작업을 할 수 있다.
네이버 웹 오피스에서는 마이크로소프트 오피스 포맷으로도 저장하여 사용할 수 있다.

12.4.2 내 PC 에서 네이버클라우드 탐색기 설치

❀ 네이버클라우드탐색기

네이버클라우드에 저장한 파일을 윈도우 탐색기를 통해 내 컴퓨터에 저장한 파일처럼 손쉽게 사용할 수 있게 해주는 프로그램

① http://software.naver.com 에서 '네이버클라우드 탐색기'를 다운로드 한다.

　(본인의 PC 환경에 맞는 운영체제와 32bit, 64bit 여부를 선택하여 다운로드 한다.)

② 네이버클라우드 탐색기 설치 후 PC 탐색기 화면

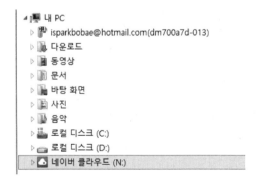

EXERCISE

1. Dropbox, OneDrive, 네이버 드라이브의 공통점이 아닌 것은 ?

    ① ON-Demand로 아웃소싱하는 서비스이다.

    ② 클라우드 저장소이다.

    ③ 어느 네트워크 기기에서도 접속이 가능하다.

    ④ 자원의 독점의 특징이 있다.

2. 다음 중 클라우드 저장소 사용법에 대한 설명 중 틀린 것은?

    ① 회사에서 dropbox에 저장한 파일은 전철역에서 스마트폰으로 접속해 볼 수 있다.

    ② OneDrive에 저장한 파일을 내컴퓨터에 다운로드할 수 있다.

    ③ 클라우드서비스는 운영체제가 같아야 한다.

    ④ 네이버 드라이브 내부의 임의의 폴더를 공유폴더로 지정하고 타인과 공유폴더 안에 있는 파일을 공유할 수 있다.

3. 다음 클라우드컴퓨팅 서비스에 대한 설명 중 종류가 다른 하나는?

    ① 반드시 이메일 계정으로 로그인해야 한다.

    ② 스마트기기에서 모바일용 앱을 설치하여 사용한다.

    ③ 웹 앱을 이용하여 워드, 엑셀, 파워포인트 등의 문서를 편집할 수 있다.

    ④ 윈도우 8.1에서는 데스크탑 앱을 따로 다운로드 할 필요가 없다.

EXERCISE

4. 다음 중에서 워드나 파워포인트 등의 문서편집이 함께 가능하지 않은 클라우드 서비스는 무엇인가?

   ① 원 드라이브

   ② 네이버 드라이브

   ③ Dropbox

   ④ 구글드라이브

5. 아래 지문이 설명하는 개념은 무엇인가?

   > "온디맨드(ON-Demand)로 아웃 소싱하는 서비스,
   > 인터넷 기술 인프라 스트럭처에 대한 전문 지식이 없어도 됨.
   > 활용 방식이 "소유" 에서 "임대" 로 변화함"

6. 다음 클라우드 컴퓨팅 관련 설명이 틀린 것은 ?

   ① 정보는 인터넷 상의 서버에 영구적으로 저장된다.

   ② 키보드, 모니터외에도 CPU, 스토리지 등은 모두 클라우드에 둔다.

   ③ 컴퓨터및 인터넷 사용자의 구매, 운영 및 유지 보수에 대한 걱정이 없다.

   ④ 공유한 파일에 스마트 기기별로 접속이 가능하다.

인터넷의 이해와 웹서비스의 활용

7. 다음 중 구글 드라이브에 대한 설명이 아닌 것은 ?

① 사용자를 초대하여 선택한 파일에 대한 댓글을 작성할 수 있다

② 구글 서비스는 SSL을 사용하여 암호화된다.

③ 강력한 검색기능으로 이미지에서 개체를 식별할 수 있다.

④ 오프라인에서는 파일을 볼 수 없다.

8. 영수증, 편지, 명세서 등과 같은 종이 문서의 사진을 찍으면 드라이브에서 즉시 PDF로 저장하는 서비스는 무엇인가?

① 구글 드라이브   ② 네이버 드라이브

③ 원드라이브   ④ 드롭박스

9. 사진, 동영상, 문서, 음악, 폴더 형식의 카테고리가 있어 파일을 종류별로 쉽게 찾을 수 있는 클라우드 서비스는 무엇인가?

① 구글 드라이브   ② 네이버 드라이브

③ 원드라이브   ④ 드롭박스

10. 다운로드한 음악 파일을 아이폰, 아이팟, 아이패드등의 다수의 장비에서도 공유할 수 있게 해주는 서비스는 무엇인가?

① 구글 드라이브   ② iCloud

③ 원드라이브   ④ 드롭박스

EXERCISE

정답

1. ④ (클라우딩 컴퓨팅 기술의 특징은 '자원의 공유'에 있다.)
2. ③ (클리우드 서비스는 접속 장치의 운영체제에 관계없이 사용할 수 있다)
3. ①
4. ③ (Dropbox는 클라우딩 저장소의 기능만 있다.)
5. 클라우드 컴퓨팅

6. ②
7. ④ (구글 드라이브는 오프라인에서도 파일을 볼 수 있도록 설정을 해놓으면 파일을 볼 수 있다.)
8. ①
9. ②
10. ②

CHAPTER 13
네이버 웹오피스 활용

학습목표

- 클라우드 서비스의 일환으로 소프트웨어를 구매하지 않아도 웹사이트에서 문서 편집을 할 수 있는 웹 소프트웨어 서비스에 대해서 학습할 수 있다.
- 무료로 서비스되고 있는 네이버 웹 워드, 셀, 슬라이드 등을 실습해 볼 수 있다.

13.1 웹오피스의 개요

웹오피스에서 문서을 편집한 후에는 구글은 구글드라이버, 네이버는 네이버 드라이브, MS 는 원드라이브 등 각각 자체 클라우드 스토리지를 기본 저장소로 사용한다.

작성한 문서 파일은 클라우드 저장소에 저장되고 내PC에 내려받거나 USB 메모리에 저장하지 않아도 된다.

✣ 웹오피스의 단점

인터넷 연결이 끊겼을 때 문서 편집을 계속할 수가 없다.

오피스 전용 프로그램을 사용할 때보다 약간의 글꼴, 단락의 호환성의 문제, 스마트 아트, 마스터등의 기능이 지원되지 않는 문제가 있다.

네트워크 환경에 따라 이미지나 애니메이션, 화면전환 효과를 설정시 시간이 다소 지연될수 있다.

13.2.1 개요

네이버 웹오피스를 사용하기 위해서는 반드시 네이버에서 로그인을 해야 한다.

로그인 후 [더보기] – [오피스]로 가거나 http://office.naver.com/ 에 접속한다.

네이버 워드의 기본 포맷은 .ndoc 이다.

외부 포맷중에서는.doc, .docx, .html, .txt 파일 포맷을 읽을 수 있으며 편집, 저장도 가능하다.

단, 네이버 워드에서는 편집시 이러한 다른 외부 포맷들은 무조건 네이버 워드 포맷(.ndoc)으로 변환한 상태에서 편집을 하기 때문에 변환하여 저장한 후 글꼴이나 단락 간격등이 완벽하게 호환되지 않을 수 있다.

13.2.2 네이버 워드 새문서 열기

네이버 오피스홈에서 좌측 메뉴 상단의 '새문서' 클릭 후 '네이버 워드'를 선택하거나
우측에서 워드를 선택하고 사용하고 싶은 템플릿을 선택한다.

13.2.3 네이버 워드 문서 저장하기

네이버에서 작성한 워드 문서를 다른 형식으로 변환하여 네이버 드라이브나 PC에
저장할 수 있다.

① 네이버 워드 문서 포맷은 .ndoc이므로 다른 형식으로 저장하려면 [파일] – [다른 이름으로의 저장]에서 한다.

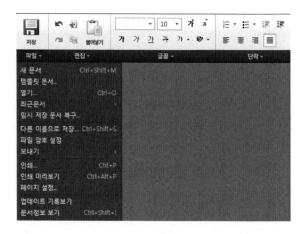

② 파일 형식에서 MS Word(.doc), HTML, 텍스트(.txt), PDF(.pdf) 형식으로 변환하여 저장할 수 있다.

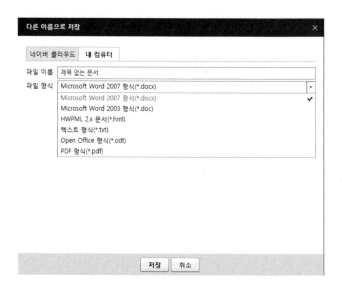

13.2.4 네이버 워드 문서 편집

(1) 〔글꼴/단락〕

네이버 워드에서는 다른 외부 포맷들을 네이버 워드 포맷(.ndoc)으로 변환한 후 편
집을 하므로 글꼴이나 단락 간격 등이 완벽하게 호환되지 않을 수 있다.

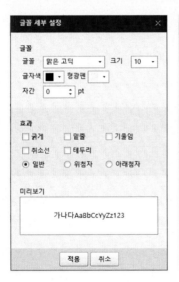

(2) 〔삽입〕

① 이미지 삽입 시 '캡쳐이미지 삽입'이 있어 캡쳐하고 바로 문서에 삽입되는 특징이 있다.

[삽입] – [도형]을 클릭하면 '클립아트', 도형 텍스트 입력, 도형외에 이미지도 추가할 수 있다.

가로, 세로 눈금선을 조절하여 본문에 입력될 이미지 영역을 조절할 수 있다.

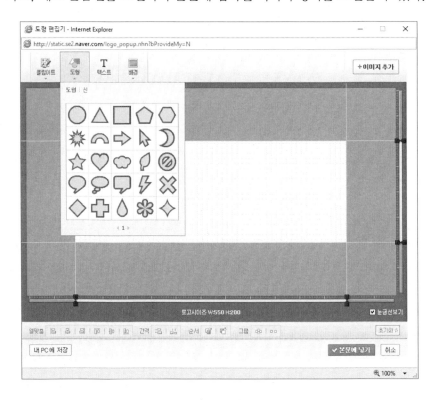

② 네이버 지도에 표식을 달고 문서에 첨부할 수도 있다.

[삽입] – [지도] 를 클릭한다.

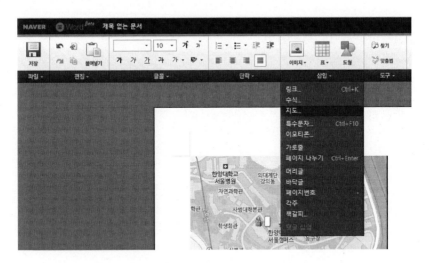

13.3.1 네이버 셀 새문서 열기

엑셀의 .xls , .xlsx 등의 파일을 네이버 셀에서 열면 '네이버 셀' 포맷인 .nxls 파일로
변환되어 문서가 열리고 .nxls 포맷 상태에서 편집된다.

편집한 후 다시 .xls .xlsx .nxls 등의 파일 포맷으로 저장 할 수 있다.

오피스홈에서 좌측 메뉴 상단의 '새문서' 클릭 후 '네이버 셀'을 선택하거나 우측에서
'셀'을 선택하고 사용하고 싶은 템플릿을 선택한다.

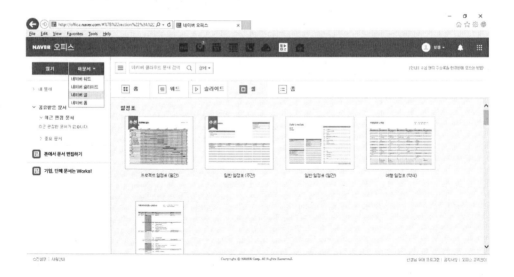

13.3.2 네이버 셀 문서 편집하기

❀ [표시형식]에 셀 안의 표시 형식들을 바꿀 수 있는 다양한 서식들이 있다.

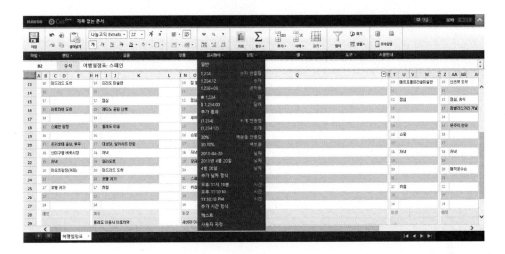

[표시형식]에서 날짜/시간 형식, 통화 형식,백분율 형식, 등을 표시할 수 있다.

❀ 마이크로소프트 엑셀과 같은 방식으로 함수들을 이용하여 계산할 수 있다.

① [삽입] - [함수] 를 클릭한다.

자동합계, 최대값, 최소값, 숫자 개수, 평균 등의 함수를 바로 클릭해서 사용할
수 있다.

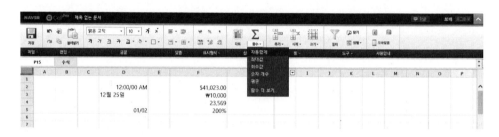

② [삽입] - [함수] - [함수 더보기] 를 클릭하면 더 많은 함수를 사용할 수 있다.

수학/삼각 함수, 통계함수, 날짜/시간 함수, 논리 함수, 찾기/참조 함수등 다양
한 함수를 마이크로소프트 엑셀에서처럼 똑같이 사용할 수 있다.

❀ 데이터 정렬하기

[도구] - [정렬] 에서 '오름차순', '내림차순', 및 '사용자 지정 정렬' 방식으로 데이터
를 정렬 할 수있다.

❀ 데이터 필터링하기

[도구] - [필터]에서 자동 필터 기능을 사용하여 데이터를 필터링할 수 있다.

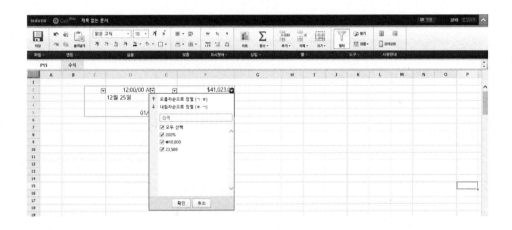

❀ 차트 삽입하기

① 워크시트에 먼저 데이터를 입력한 후 차트를 만들려는 데이터 범위를 블럭으로 설정한 다음 [삽입] - [차트]를 클릭한다.

② [삽입] - [차트] - [차트만들기]에서 '차트 종류'를 선택할 수 있다.

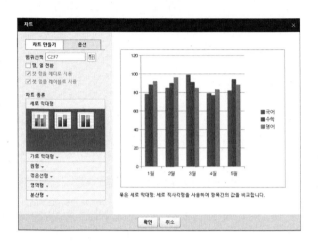

③ [삽입] - [차트] - [옵션]에서 '축 제목', '데이터 레이블', '범례' 등을 편집할 수 있다.

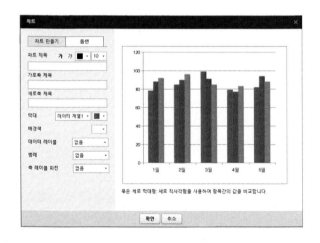

④ 차트가 완성이 되었고 차트의 위치는 마우스로 드래그하면서 이동이 가능하다.

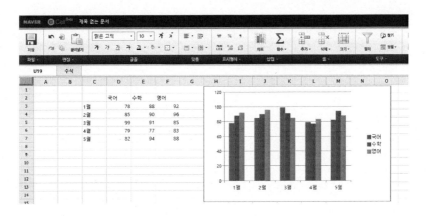

13.3.3 네이버 셀 저장하기

저장을 하면 .nxls 네이버 셀 포맷으로 저장된다.

[파일] − [다른 이름으로 저장]을 이용하면 .xlsx 포맷으로 변환하여 저장할 수 있다.

❀ 네이버 셀에서 지원되지 않는 기능

피벗테이블, 부분합 등의 기능은 사용할 수 없다.

13.4 네이버 슬라이드

13.4.1 네이버 슬라이드 새문서 열기

오피스홈에서 좌측 메뉴 상단의 '새문서' 클릭 후 '네이버 슬라이드'를 선택하거나 우측에서 슬라이드를 선택한 후 사용하고 싶은 템플릿을 선택한다

13.4.2 네이버 슬라이드 문서 편집하기

❈ 슬라이드 추가

다양한 형태의 레이아웃별로 슬라이드를 삽입할 수 있다.

[슬라이드] - [추가] - [테마 종류]에서 다양한 슬라이드 레이아웃을 선택할 수 있다.

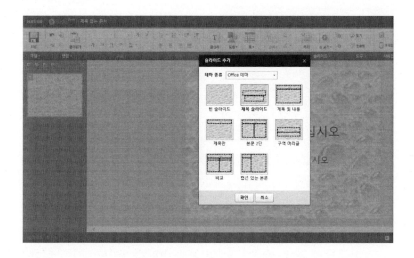

❈ 슬라이드 테마 선택

① [슬라이드] - [테마선택]에서 테마 선택을 할 수 있다.

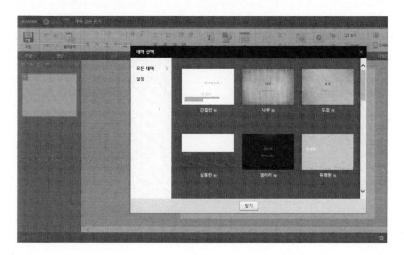

② [슬라이드] - [테마 설정]에서 배경색및 배경 그림등을 삽입할 수 있다.

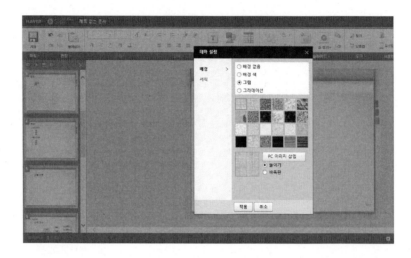

❀ 도형 삽입

[삽입] - [도형]에서 도형을 선택할 수 있다.네이버 슬라이드에서는 네이버 워드보다 훨씬 더 많은 도형 삽입이 가능하다.

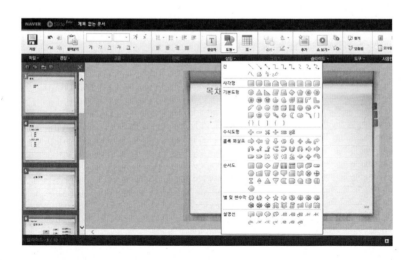

⌘ 이미지, 동영상, 지도, 클립아트, 슬라이드 번호 삽입

[삽입] 에서 네이버 워드에서와 똑같이 이미지, 동영상외에 캡쳐한 이미지, 검색한 네이버 지도, 슬라이드 번호등을 바로 삽입할 수 있다.

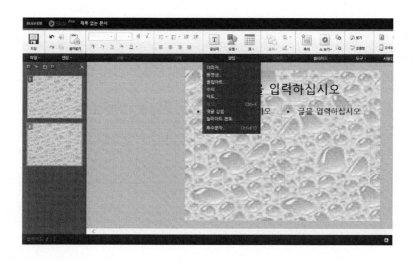

⌘ 슬라이드 쇼 재생

① [슬라이드] - [쇼 보기]에서 슬라이드쇼도 가능하다.

⊞ 화면전환효과

[슬라이드] – [화면전환효과]에서 슬라이드에 '화면전환효과'를 줄수 있다.

화면전환효과의 종류, 전환 시간, 등을 선택할 수 있다.

⊞ 애니메이션 효과

① 애니메이션 효과를 주기 위해서는 먼저 애니메이션효과를 줄 객체를 선택해야한
다.객체를 선택한 후 마우스 오른쪽 버튼을 클릭하여 나타난 팝업 메뉴에서 [애
니메이션추가]를 클릭한다.

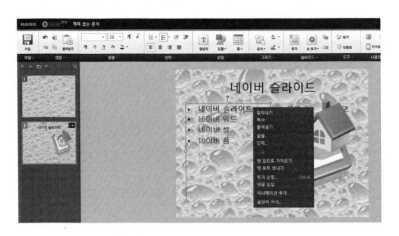

② 오른쪽에 생성된 [애니메이션효과] 박스에서 애니메이션 효과를 줄수 있다.
나타내기, 사라지기, 확대하기, 축소하기, 날아오기 등 다양한 효과가 있다.

13.4.3 네이버 슬라이드 저장하기

네이버 슬라이드에서는 .nppt 외에 [파일] − [다른 이름으로 저장]에서 ppt, pptx 또는 pdf 로 변환하여 저장할 수 있다.

⊞ 네이버 슬라이드에서 지원되지 않은 작업

차트, 워드아트, 스마트아트,마스터 기능은 지원되지 않는다.

INDEX